蜀安之声

四川省应急管理厅◎主编

图书在版编目（CIP）数据

蜀安之声 / 四川省应急管理厅主编 . -- 成都 : 四川大学出版社, 2025. 1. -- ISBN 978-7-5690-7561-8

Ⅰ . D630.8-53

中国国家版本馆 CIP 数据核字第 2025560Z0L 号

书　　名：蜀安之声

Shu An zhi Sheng

主　　编：四川省应急管理厅

选题策划：陈　蓉

责任编辑：陈　蓉

责任校对：刘一畅

装帧设计：墨创文化

责任印制：李金兰

出版发行：四川大学出版社有限责任公司

地址：成都市一环路南一段 24 号（610065）

电话：（028）85408311（发行部）、85400276（总编室）

电子邮箱：scupress@vip.163.com

网址：https://press.scu.edu.cn

印前制作：四川胜翔数码印务设计有限公司

印刷装订：四川五洲彩印有限责任公司

成品尺寸：165mm×230mm

印　　张：18.5

字　　数：190 千字

版　　次：2025 年 3 月 第 1 版

印　　次：2025 年 3 月 第 1 次印刷

定　　价：69.00 元

本社图书如有印装质量问题，请联系发行部调换

扫码获取数字资源

四川大学出版社
微信公众号

前　言

有风有雨是常态，风雨无阻是心态，风雨兼程是状态。四川省应急管理厅自组建以来，先后应对了“11·3”金沙江白格堰塞湖灾害抢险救灾、“6·17”宜宾长宁 6.0 级地震救援、凉山州两次“3·30”森林大火扑救、“12·14”宜宾珙县杉木树煤矿透水事故救援、“8·18”乐山特大洪水抗洪抢险救灾、“9·5”泸定 6.8 级地震救援、“3·15”雅江森林火灾扑救等一个又一个突如其来的应急事件。回望一场场战斗，呐喊依旧嘹亮，热血依旧激昂，四川应急人勇当先锋，投身救民于水火、助民于危难、给人民以力量的伟大事业，在血与火、生与死的考验中展现作为、彰显风采、贡献力量。

一年三百六十五日，多是横戈马上行。他们始终极端认真负责，以战战兢兢、如履薄冰的态度和时时放心不下的责任感，想群众之所想、急群众之所急、解群众之所困，踏踏实实做人民群众的“极端”贴心人；他们始终甘于牺牲奉献，在国家危难的时刻，在党和人民最需要的时候，服从命令、听从指挥、赴汤蹈火；他们始终勇于担当作为，面对违法行为敢于亮剑，面对危机敢于挺身而出，不断提高统筹发展和安全的能力；他们始终善于开拓创新，以自我革命精神打破传统路径依赖，加快转变思维方式和工作理念，开拓创新破解难题，不断提升应急管理水平和能力。

这些逆行者、守夜人，他们是我们这个时代最可爱的人。然而，在人民需要时，他们靠什么勇往直前？在自己经受委屈时，他们靠什么默默坚守？在面对生死抉择时，他们靠什么挺身而出？在危难降临时，他们靠什么无私奉献？在他们的伟岸身影背后，我们看到了坚韧不拔的精神信念，感受到了重于泰山的使命，体会到了深厚的家国情怀。他们用自己的行动诠释了什么是真正的英雄——不畏艰难险阻，不惧生死挑战，不计个人得失，只为守护一方安宁。

为英雄立心，为英雄立命，为捍卫英雄立担当、鼓与呼、歌与唱，是新闻工作者与生俱来的神圣使命，责无旁贷，义不容辞。“蜀安之声”由此应运而生。在重大突发事件和关键任务时期，“蜀安之声”通过讲述应急人的坚守与付出，激发社会的正能量，鼓舞士气，增强公众的信心。在每一次的政策法规的解读和宣传中，“蜀安之声”帮助公众更好地理解党委政府的决策意图和政策措施，解答公众心中的疑惑，提高政策的透明度和公众的接受度，促进政策的有效执行。在突发事件发生时，“蜀安之声”及时发声定调，遏制谣言滋生，维护社会稳定，避免恐慌情绪的蔓延，为应急处置工作创造有利条件。在每一次重大任务后，“蜀安之声”及时揭示存在的问题和不足之处，针对这些短板或现象，通过深度剖析，进行反思，总结教训，促使相关部门及时改进和完善，为今后的工作提供参考。

本书精选了“蜀安之声”系列评论文章，涵盖了应急管理的方方面面，从理论到实践，从宏观到微观，既有对突发事件应对机制的深入探讨，也有对安全生产管理经验的总结分享；既有对法律法规的权威解读，也有对典型事故案例的深刻反思。面对应急管理工作的长期性、艰巨性、复杂性和反复性，本书的出版，旨在为广大读者提供一个全面了解应急管理工作的窗口，提高公众的安全意识和应急处置能力，同时也为应急管理工作者提供参考与借鉴。

目　录

责任不能悬空　监管务必落地…………………………（001）
宁听骂声　不听哭声……………………………………（005）
践行安全生产　守护每个人心中的牵挂………………（008）
莫把安全生产法律制度当作“稻草人”………………（012）
监管不力就是纵容………………………………………（016）
荣誉赋予使命　使命激励担当…………………………（020）
坚决遏制小煤矿的“疯狂”……………………………（024）
打通安全生产最后一公里………………………………（028）
不忘初心　砥砺奋进再扬帆……………………………（033）
以“万无一失”防止“一失万无”……………………（037）
你们是不辱使命的“守夜人”…………………………（041）
致敬“守夜人”…………………………………………（044）
以高度警觉绷紧复工复产安全法………………………（047）
把风险解决在萌芽之时、成灾之前……………………（050）

让清单制管理精准“靶”向安全生产风险点……………（054）
复工复产“快进”路上要握牢安全方向盘……………（060）
筑牢防灾减灾救灾的人民防线……………………………（064）
常敲警钟　更要敲法槌……………………………………（068）
枕戈待旦“防大汛”　秣马厉兵“救大灾”……………（071）
再谈“宁听骂声不听哭声”………………………………（075）
安全生产不能好了伤疤忘了痛……………………………（078）
要去基层一线解决问题……………………………………（082）
不专业就会常常“打脸”…………………………………（086）
安全生产不能总以生命来警醒……………………………（090）
永久奋斗……………………………………………………（093）
就地过年，不忘安全………………………………………（098）
重在抓落实，不要忙虚活…………………………………（100）
与侥幸麻痹斗争到底………………………………………（104）
森林草原防火没有终点，打赢翻身仗贵在坚持…………（108）
与其亡羊补牢　不如防患未然……………………………（111）
每个岗位都是生命的守护神………………………………（115）
当好守护安全发展的“斗士”“勇士”…………………（119）
以万全之备迎接每一轮强降雨到来………………………（123）
不能麻痹　不能松懈　坚决打赢防汛减灾攻坚战………（128）
落实安全生产责任到最小工作单元………………………（132）
向先进学习，向英模致敬…………………………………（135）

安全就是竞争力 安全就是生产力…………………………（138）
不把安全当回事 迟早绝对出大事…………………………（142）
安规血写成 莫用血来证……………………………………（146）
奋楫扬帆 以高水平安全服务高质量发展…………………（149）
警钟长鸣……………………………………………………（155）
新官上任亟须提高应急管理能力…………………………（158）
警钟长鸣！切莫隔岸观火…………………………………（162）
落实“十五条”需要十个指头弹钢琴………………………（165）
家“安”万事兴………………………………………………（169）
隐患生事故 不能凭运气…………………………………（173）
警惕“黑天鹅” 防范“灰犀牛”…………………………（177）
防范胜于救灾，责任重于泰山……………………………（180）
警钟长鸣，要把安全生产责任压实到“最后一米”……（184）
以高水平安全护航高质量发展……………………………（189）
弘扬革命文化，传承中华优秀传统文化，加快建设新时代
应急文化…………………………………………………（193）
远离侥幸 珍视生命………………………………………（198）
杜绝“没想到” 穿好安全甲胄……………………………（202）
你们都很了不起……………………………………………（207）
增强“时时放心不下”的责任感……………………………（211）
消未起之患 治未病之疾…………………………………（214）
以学促干，在防灾减灾路上建新功………………………（219）

这是一条不可逾越的红线…………………………………（223）
汛情就是命令，防汛就是责任……………………………（228）
时刻枕戈待旦，不惧突如其来……………………………（232）
警醒！要真正从思想深处敲响警钟、上紧发条…………（236）
不敢违、不能违、不想违…………………………………（241）
预防为主，生命至上………………………………………（245）
严查严处四不放过　追责问责决不含糊…………………（250）
征程永无止境，奋斗未有穷期……………………………（254）
大胆管理才能从容应急……………………………………（258）
最怕知险不除险，别把摆平当水平………………………（264）
保持高度警惕　迅速进入临战戒备状态…………………（268）
预防在先、发现在早、处置在小…………………………（272）
“生命之路”一定要守住！ ………………………………（277）
应急预案是拿来用的，不是拿来看的……………………（281）
后　记………………………………………………………（284）

责任不能悬空　监管务必落地

安全，生命之基石；安全，生存之根本。纵观近些年发生在省内外的重特大安全事故，滚滚浓烟、熊熊烈火，浸血的伤亡数据无不拷问着我们的初心和使命。

前车之覆轨，后车之明鉴。这些事故虽发生时间不同、地区或行业有别，但原因大多似曾相识。每一起安全事故背后都有责任的悬空、监管的缺位。血的教训如重锤敲响警钟，发出警示——各级领导干部必须紧绷安全生产这根弦，“下深水”、担责任，全线出击、全场紧逼，真正把“生命高于一切”的理念落到实处，打赢安全生产攻坚战，保护好人民群众的生命和财产安全。

要在提高政治站位上真正做到上下一心。人命关天，发展决不能以牺牲人的生命为代价。这必须成为领导干部心中一条不可逾越的红线。

安全生产关系着党的使命宗旨，关系着民生福祉。当前，各级应急管理部门正处于压力叠加、负重前行的关键期。打赢安全生产攻坚战，意味着必须跟问题斗争、向困难进发，没有敢于担当的政治品格和敢于冲锋的为民情怀是不行的。取胜之道在于牢固树立“一盘棋”思想，上下一心。各级领导干部要切实提高安全生产工作的政治站位，以对党和人民高度负责的态度，进一步增强对安全生产工作的责任感、危机感和忧患意识，自觉地履行安全生产清单规定职责，守土有责、守土尽责，用高度的责任心换人民群众的安心与放心。

要在隐患排查整治中真正做到上下一心。“安全无小事，防微杜渐是关键。”要剑悬头顶，让所有担责之人对安全生产工作如履薄冰，按照“宁可跨前一步形成重叠，不可退后一步形成缝隙”的原则严防死守，对细小隐患如临大敌，及时发现问题并立即整治。要善用安全生产领域专项整治等手段，把重大风险隐患当成事故对待，用好“黑名单”制度和联合惩戒等刚性手段，运用好行刑衔接，依法严厉查处一批顶风违法企业，遏制事故高发态势。

要在监管执法中真正做到上下一心。猛药去疴、重典治乱、刮骨疗毒、壮士断腕！纵观一些企业，前一起事故还尘埃未定，后一起事故又接踵而至，说明对安全生产已经到了漫不经心、麻木不仁的地步。而除了主体责任，多起事故背后都指向一个共同问题——法律执行不到位，监管执法不得力。

严是安全的保证，松是事故的祸根。执法检查是党委政府和人民赋予安监执法人员的一把“利剑”，用好法律武器推动工作、解决难题，往往会收到事半功倍的效果。各级执法部门不得做选择、搞变通、打折扣，要把法律法规的刚性和权威树立起来，让执法检查长出锋利的牙齿，让违法者和肇事者付出应有的代价，对非法、违法的单位和肇事者形成心理震慑和高压态势。

要在事故问责中真正做到上下一心。事故为何反复发生，显然有相当一些人并没有从这些事故中吸取教训，痛定思痛，举一反三落实责任。有的地方在事故发生后提出要“追责”“问责”，但最终不了了之，让失职、渎职之人更加有恃无恐。

动员千遍，不如问责一次。对发生事故的，要依法倒查企业主体责任和职能部门以及属地政府的监管责任；对安全生产事故隐患也要“一案双查”，倒逼职能部门履行好监管责任。要重点约谈安全风险隐患大、社会反应强烈的企业和单位负责人，重点约谈工作不力、发生事故的地方政府主要负责人，并对约谈整改情况开展“回头看”。要对性质恶劣、影响严重的典型事故，切实加大督办力度，确保查处及时、追责到位。

要在清单制管理中真正做到上下一心。“一人负责一处安全，众人把关稳如磐石。”事实上，每一起安全事故背后都有可能存在人为因素，只有每一个人都重视起来，安全生产才有坚实可靠的基础。安全生产清单就是把安全生产政策、法律法规、标准、规范的要求和实际工作的需要以清单形式固化下来，将责任和工作要求落实到单位和每一个责任人，实行“尽职照单免责、失职照单追责”。

清单的A面是明责。党政负责同志和职能部门是否依法履职，有没有缺位、越位，对照清单一目了然。每个企业员工是否自觉把生命安全放在首位，把隐患排查做在事故之前，一张小小的清单承载起对生命的敬畏。清单的B面是追责。对那些不照单履职，发生任何安全事故的，要强化照单考核问责，对照清单真追责、敢追责、严追责。

愚者以流血换取教训，智者以教训制止流血。要打赢全省安全生产攻坚战，我们应急人必须时刻保持“在线状态”，真正上下同心、齐心协力、持续发力，无死角、全覆盖履行监督管理职责，推动企业依法落实安全生产主体责任，坚决遏制重特大事故发生。

（2019年8月2日　刘洋）

宁听骂声　不听哭声

安全紧系一瞬间，生死离别两重天。血的教训警示我们，要多当“黑脸红心”的包公，宁可因从严监管被企业骂，也不要在安全事故发生后听到群众哭。要有宁听骂声、不听哭声的气度，坚持人民利益至上，坚持全覆盖、零容忍、严执法、重实效，堵住各类安全漏洞，最大限度保障人民的生命财产安全。

意识不强，事故经常；隐患不除，危机四伏。当前，个别地方干部政治敏锐性不强，安全意识淡薄，对待安全生产工作，要么停留在提要求、喊口号层面，当甩手掌柜；要么对安全生产工作形势分析不透、措施不力，提到安全生产就“谈虎色变”，工作畏首畏尾，最终致使辖区内安全生产秩序紊乱，甚至安全事故频发多发。

宁听骂声、不听哭声，就要严明职责。个别地方干部抱着“宁愿不做事，只求不出事”的心态，工作磨洋工、不作为，该履的责不履，该管的事不管，面对问题和矛盾要么推、拖、躲，要么往上交，致使很多小问题变成大矛盾，小隐患酿成大事故，严重透支党和国家的公信力。

各级各部门特别是各地党委、政府，要进一步树立责任意识，建立健全安全生产责任体系，把安全生产责任制落实到岗位、落实到人头，坚持管行业必须管安全、管业务必须管安全、管生产经营必须管安全，加强督促检查、严格考核奖惩，全面推进安全生产工作。要严格落实安全生产辖区责任制，全面掌握本地安全生产状况，全面排查本地安全事故易发多发企业以及时间点，做到心中有数。

各级安全生产主管部门要认真履行监管职责，通过明查暗访等多种形式，定期不定期开展监督督查工作，做到“全覆盖、零容忍、严执法、重实效”。

各企业要强化安全生产第一责任，按照清单认真履行安全生产主体责任，在安全检查中，做到不打折扣、不留死角、不走过场，坚决落实谁检查、谁签字、谁负责的清单管理制度。

宁听骂声、不听哭声，就要健全机制。一些重特大安全事故，往往带有突发性、意外性、复杂性的特点，看似防不胜防、难以避免，实则萌生于日常被忽视的隐患、潜藏于不负责任的细节。抓好安全问题，关键还得依靠制度，厘清各方责任，形成工作合力。

要建立健全安全生产清单管理制度，完善责任清单、职责清单、检查清单、执法清单、应急处置清单等，让责任的落实贯穿企业生产、管理全流程，真正做到体系完善，安全有序。要完善“党政同责、一岗双责、齐抓共管”的责任制度，形成各地主要负责人亲自抓，应急管理部门具体抓，其他部门协作抓，各司其职、各负其责、履职尽责的安全生产监管体系。要建立健全安全事故责任追究机制，严格落实安全生产“一票否决制”，对发生重特大安全事故的辖区各级责任人实行“一票否决”，严肃追责问责。

宁听骂声、不听哭声，就要敢出重拳。“海恩法则”指出，每一起严重事故的背后，必然有 29 次轻微事故和 300 起未遂先兆以及 1000 起事故隐患。这说明，任何安全事故绝不是偶然，且都是可以预防或将事故损失降到最低的，关键在于人的安全意识和所采取的预防措施。

隐患不除，好似病毒，害人害己，后患无穷。要防范风险演变、隐患升级导致各类重特大安全事故的发生，坚决整治各类问题隐患。对重大隐患和问题，既不能“高抬贵手”，更不能因为“怕听骂声”选择“视而不见”、听之任之，必须付出极大的努力和精力，紧盯不放，直至问题彻底解决。对非法违法生产建设行为，要敢于当“黑脸包公”，依法依规从严处理处罚；对造成事故的，要横下心、拉下脸，依法让相关责任人“摘帽子、丢票子、戴铐子”，达到“惩治一个、震慑一片”的警示效果，倒逼企业落实安全生产主体责任。

（2019 年 8 月 12 日　刘洋）

践行安全生产
守护每个人心中的牵挂

平安作为最基本的公共产品，是人民幸福安康的基本要求。对亲友而言，“你若安好，便是晴天”。一场突如其来的安全事故，一旦造成人员伤亡，必然让遇难者家庭支离破碎。没了父亲的孩子、失去丈夫的妻子、“白发人送黑发人”的父母……他们眼底的悲伤无不令人惋惜。

人的生命一生一次，重视安全一生一世。无数事故警示我们，安全生产不是一句轻飘飘的口号，其背后是一条条鲜活的生命、一双双期盼的眼睛、一个个温馨甜蜜的家。安全生产，没有局外人！我们每个人都应力所能及地宣传安全，守护安全，确保安全，一起筑牢守护生命的“防火墙”，一起守护每个人生命中最牵挂的那个家。

守护生命安全，企业需“警醒起来”。有的企业主利欲熏心、唯利是从、见利忘义，漠视工人生命，对安全生产工作谈起来“一个都不能少”，做起来“一个都不能要”，生产安全近乎“裸奔”；有的企业要钱不要命，威胁利诱监管部门和监管人员，想方设法逃避监管，不顾一切非法违法生产；还有的企业用工人生命博经济利益，安全生产工作扎着“松紧带”，效益好了抓一抓、经营差了放一放，最终因小失大，让一些小隐患变成大隐患、小事故变成大灾难。安全事故不仅害了别人，更毁了自己，甚至祸及家人。一场事故即可让企业主一生的心血化为灰烬，一辈子承受骂名，甚至因此被送上法庭，身陷囹圄。

平地起高楼、七分打地基，企业生产安全是公共安全的基础。各企业需警醒起来，自觉抓好安全责任的落实，做到安全投入到位、安全培训到位、安全管理到位、应急救援到位，为每一道工序、每一个岗位都系上“安全带”。企业安全了，你、我、他才能安全；职工的家守住了，我们的社会、我们的国家才能和谐稳定。

守护生命安全，家庭需当好“贤内助”。何为“家”？《周礼·地官·小司徒》郑玄注说：“有夫有妇，然后为家。”你我都在方为“家”，你我平安才是“家”。

安全是爱人的一声嘱咐，是孩子不变的守候；安全是对父母的孝顺，对子女的负责。安全生产离不开家人的关注和支持。但个别家庭对安全生产意识麻木，只关心老板是否按时给家属发工资，不关心安全措施是否到位，致使家属只知“钱”

不知“险”，甚至为了钱知险冒险，最终因为安全事故致伤致残，一病回到解放前。

高高兴兴上班，平平安安回家。在安全生产上，家庭要充分发挥“最温暖港湾”的作用，加强亲情沟通，讲好“枕边语”，在“碎碎念”的“骚扰”下，在“婆婆嘴”的“唠叨”下，常提醒、细叮嘱，为家人建起安全生产的“温暖堤坝”。万不可平日不闻不问，待事故发生、斯人已去才“如梦初醒”。

守护生命安全，社会各界都是参与者。生产安全事故令人惋惜，但不少人习以为常地认为那是政府的事、企业的事，与己无关。事实上，每一次安全事故背后都可能存在人为的因素。“人人讲安全，安全为人人”，在安全这件事上，任何人都不能置身事外，更不能充当看客。只有每个人都重视起来，痛定思痛、举一反三，在严防死守上下“笨功夫”，才能筑牢安全生产的“铜墙铁壁”。

每个人都需关心安全、自觉学习安全知识，相关责任单位应通过喜闻乐见的形式宣讲生产安全，加大安全生产教育力度，切实增强群众安全意识。每个人都应成为安全生产监督者，决不可抱着“多一事不如少一事”的心态，对发现的安全隐患“睁只眼闭只眼”。新闻媒体需主动发挥舆论的监督作用，自觉做公平正义的守望者，敢于动真碰硬，敢于揭短露丑，加大对安全隐患、违法生产行为的曝光力度。

生产安全你我他，生命守护靠大家。只有人人警醒起来，吸取血的教训，自觉把生命安全放在首位，让“安全第一”成为社会最广泛的共识和自觉行动，才能构筑一张安全防护网，有力有效守护每个人心中的牵挂。

（2019 年 8 月 19 日　刘洋）

莫把安全生产法律制度当作“稻草人”

制度挂墙上，行动放嘴上，事故降身上。长期以来，对于安全生产，一些地方喊得响、做得也多，会议开了一次又一次，文件发了一批又一批，但事故还是接连发生。

靠什么筑牢安全防线？法治不彰是一些重特大事故暴露出的最突出问题。要强化依法治理，用法治思维和法治手段解决安全生产问题。无论是监管部门还是企业，不论是个人还是集体，要进一步养成用法律制度推动安全生产工作的习惯，加强法规制度的落细落实，推动安全生产责任制度化、法治化，让排查风险更深入、预警机制更灵敏、监管执法更有力，以“万无一失”防止“一失万无”。只有这样才能让安全生产实现“长治久安”。

完善法律制度为安全生产保驾护航。不以规矩，不成方圆。筑牢安全根基，关键在完善制度体系，形成按制度运行的常态。要综合运用法律、行政、经济、市场等手段，提升安全生产治理能力。各级要进一步完善政策，加强各级执法队伍建设，建立健全安全生产许可制度，深化安全生产整治制度建设，制定各行业安全质量标准，让安全生产有法可依、有度可量。

要积极引导监管部门和企业，按照清单制要求，梳理各类安全生产的法律法规，开展工作以法律法规为依据，以规章制度为遵循。要盯住重点环节，建立完善封闭的监督制约机制，让制度自带运行、修复功能，使生产安全问题一旦触动制度“开关”，后续环节就能“带电作业”，防止各环节对安全生产规定动作搞变通、打“擦边球”，为老百姓编织一张牢靠的安全防护网。

让安全生产法律法规长出“钢牙利齿”。世不患无法，而患无必行之法。法律制度体系再完备，若是执行不严，依然没有法治可言，甚至比无法可依引发的后果更严重。因为，无法可依尚可期待法律，而有法不依，人们对法律也就失去了信心。

《中华人民共和国安全生产法》《中华人民共和国消防法》等法律法规的每一条每一款都是经验教训的总结，但其生命力不在条文本身，而在于实施。反思现状，最缺少的并非制度，而是规则意识。一些企业不断放任追求利润最大化的本能，漠视法制，甚至挑战法律的底线，这背后一个重要原因是违规违法成本太低。当前，迫切需要增加监管力度与处罚力度，通过提高违法违纪成本，让每一个“潜规则”获利人受到严惩，让人人养成规则意识，自觉形成有法必依、执法必严、违法必究的法治思维。要让企业主明白，寻找“保护伞”或虚假整改只能蒙混一时，到头来必然是聪明反被聪明误。

提高运用法治思维和法治方式的能力。官德正，则民风淳。政府部门要围绕安全生产法律法规，提高依法治理能力，做遵法学法守法用法的模范。

监管不力，就是纵容。要增强政府及监管部门法律意识、规则意识，让领导干部在个人情绪、欲望冲动以及外部诱惑下也能坚守规则底线。要转变观念，认真学习贯彻《中华人民共和国安全生产法》《中华人民共和国消防法》，增强用法律解决安全生产难题的自觉性。要制定公开监督职责清单，将监管职能、法律依据、实施主体、职责权限、监督方式等事项以清单的形式向社会公开，推动社会监督职能部门依法履职，避免出现缺位。

努力推动形成全民安全规则意识。近年来，在一些地方和企业，规章制度成了摆设，说在嘴上，挂在墙上，写在纸上，而在工作中，总想着“找关系”而非“找法律”。不讲规矩，就有投机分子“钻空子”，安全生产就会失序。比如，从技术层面上讲，煤矿瓦斯并不是不能防御的洪水猛兽，只要严格遵守安全生产流程，瓦斯爆炸事故就不会发生。但一些煤矿主却养成了“能用钱解决的事都不是事”的思维，将心思用在“钻空子”“找关系”上，而不是依法履行安全生产责任。在这样的习惯思维影响下，各种安全事故像老虎一样吞噬着工人的生命。

人道经纬万端，规矩无所不贯，诱进以仁义，束缚以刑罚。要让规矩深入人心，内化成人们的习惯；形成了习惯，讲规矩的人和事多了，法治才能潜移默化地广泛推行。只有全社会都有安全生产的法治意识，首先把安全生产摆上位置，根植到各级和群众的思想意识深处，才能真正把“生命高于一切”理念落到实处，让“安全第一”成为最广泛的共识。

（2019 年 9 月 5 日　刘洋）

监管不力就是纵容

一次事故就可能让一个家庭一无所有，家破人亡。血的教训为何不能阻止煤矿屡踩安全生产“红线”？一些煤矿之所以铤而走险，屡屡挑战法律的尊严、漠视群众的生命，视安全法规为无物，视矿工生命为草芥，固然源于对利益最大化的追求、唯利是图的心态。同时，一些地方认识不清、监管不力，以 GDP 为纲的惯性思维没有发生根本转变，消极乃至拒绝淘汰不安全落后产能，以及“站台说话”“人情招呼”等造成有法不依、执法不严，也在某种程度上降低了违法成本、助长了侥幸心理。

“为官避事平生耻”。煤矿数量多、灾害重、规模小、基础差的现状没有根本改变，煤矿事故易发多发的势头没有得到有效遏制，当前煤矿安全形势十分严峻。有的地方发展仍过度依赖煤矿“挣快钱”，部分党政干部有令不行、有禁不止，将国家三令五申淘汰不安全落后产能当成耳旁风，为了 GDP 和所谓“政绩”，给部分煤矿“加光环”“站台”；有的地方碍于煤矿贷款“绑架”了银行，担心严格监管就会牵扯巨大债务、产生下岗工人，政府的“腰杆”硬不起来，在依法查处生产安全事故和隐患过程中，总是会出现不同层面的“打招呼”现象。

无私才能无畏，无私才敢担当，心底无私天地宽。要把干净和担当、勤政和廉政统一起来，勇于挑重担子、啃“硬骨头”、接烫手山芋。各地党委政府要把“四个意识”“两个维护”体现在坚决贯彻党中央决策部署的行动上，体现在履职尽责、做好本职工作的实效上。必须通过解放思想牢固树立正确的政绩观，算好政治账、安全账、效益账，厘清政府与企业的关系，坚定不移淘汰不安全落后产能，推动高质量发展。

监管部门要立身行己，秉公用权，坚决抵制歪风邪气，坚持“一案双查”倒查事故的相关责任。安委会和安办要进一步发挥作用，对没有履行好监管执法责任的进行督办，倒逼党委政府的职能部门履行好监管执法责任。让各级领导干部清楚重大生产安全事故发生后，“打招呼”是不可能解决问题的。

“上下同欲者胜”。党和国家的事业是一个相互联系、相互作用的有机体，不管是基层还是上级机关，每个岗位都有自己的职责和要求。解决面临的难题，不是个人想不想、愿不愿的事，而是责任所在、使命所驱。在安全生产工作上，各级都要发扬斗争精神、增强斗争本领，做敢于斗争、善于斗争的战士，直面问题、正视矛盾，敢啃“硬骨头”、勇挑重担子。

要进一步明确责任，要以清单制管理为抓手，加快健全安全生产责任体系，全面落实煤矿安全生产党政领导责任、部门监管责任、企业主体责任，做到各级党委政府责任明晰、心中有数。要加强明查暗访，紧盯重点行业领域、重要节点和重大活动，跟踪问效工作落实情况，强化事前的问题防范和责任倒逼。要严格执行事故查处挂牌督办制度，对性质恶劣、影响严重的典型事故，要切实加大督办力度，确保查处及时、追责到位，并加大对事故整改措施落实情况的监督检查。

“新松恨不高千尺，恶竹应须斩万竿”。当前煤炭价格呈现短期恢复性上涨态势，一些煤矿企业利欲熏心，不顾矿工兄弟死活，冒险蛮干甚至大张旗鼓地非法违法生产。而有的地方认为有一两起小事故是不可避免的，于是风险排查不认真不扎实，隐患整改走过场走形式，执法检查不逗硬。

监管不力，就是纵容。面对疯狂的违法开采，监管部门就要真下手、下硬手、下狠手，让违法成为不可触摸的“高压线”。要把对人民高度负责的精神和深厚的爱民情怀，落实到防范化解安全风险的具体行动当中，用防范风险的实效，来回馈人民对我们这支队伍的期望和期盼。要全线出击，不打招呼、直入基层，以“1＋2＋N”执法模式，把问题查彻底。特别要把近三年发生过死亡事故的煤矿作为执法检查的重中之重，以“铁手腕、铁面孔、铁心肠”的气势，集中力量惩戒一批典型。要严格落实“黑名单”制度，切实落实“一厂出事故、万厂受教育，一地有隐患、全国受警示”，达到“惩治一个、震慑一片”的警示效果，倒逼企业落实主体责任。

（2019 年 9 月 12 日　刘洋、胡嘉岩）

荣誉赋予使命　使命激励担当

日月经天，江河行地。几千年来人类文明发展的历史，也是一部人类不断应对大自然的挑战、不断战胜各类自然灾害的历史，涌现出无数人类智慧和团结协作的雄伟史诗。四川地域辽阔，地形地貌复杂，是全国洪涝灾害、地质灾害、地震灾害和森林火灾等自然灾害重点防控区域和重点省份。四川省应急管理厅自成立以来，鏖战金沙江堰塞湖，激战木里森林火灾，奋战长宁地震、威远地震，多点多线作战甘洛、马边、汶川暴雨灾害，扎实推进安全生产形势持续稳定好转，努力防范化解重大安全风险……努力担起“全灾种、大应急”的使命。

“一个时代有一个时代的主题，一代人有一代人的使命。新长征路上，每一个人都是主角、都有一份责任。”全省应急人应以使命激励担当，承担起防范化解重大安全风险、应对处置各类灾害事故的重要职责，在灾害危难面前挺身而出，在服务人民中传递党和政府温暖。

应急人与使命同生，应急人与使命同在。时光流逝、时代变迁，以生命践行使命、用热血铸就荣光的情怀担当，一直是共产党人对党忠诚、对人民赤诚的生动诠释。在党的各个历史时期，无数共产党人把智慧和汗水甚至鲜血和生命都奉献给了革命理想。和平年代，虽不见刀光剑影，但我们勇做“守夜人”的拼搏精神和担当意识不应淡化。我们选择了应急事业，就要随时准备上前线、挑重担，甚至流血牺牲。如果只是把应急管理部门的工作当作普通职业，是不能担负起党和人民赋予我们的神圣职责的。只有高扬奋斗之帆，才能拥抱出彩人生，不辜负这个伟大时代，不辜负党和人民的信任。

但愿苍生俱饱暖，不辞辛苦出山林。党的事业，是靠千千万万党员忠诚奉献而不断铸就的；应急事业，离不开千千万万应急人各司其职、守土尽责。我们应深刻认识到，投身保护人民生命财产安全这份崇高事业，是践行初心和使命的无悔之路。党和人民把四川应急管理事业第一棒交给应急人是我们莫大的光荣。我们应当始终视荣誉胜于生命，视困难为磨炼，头脑里永远有使命，眼睛里永远有灾情，肩膀上永远有责任，敢作敢为不推诿，尽心竭力不懈怠，努力圆满完成党和人民赋予的各项重任。面对广阔的新领域、繁重的新任务，应急人既要有担当的宽肩膀，更要有成事的真功夫，从应对“单灾种”向应对“全灾种”转变，努力肩负起新的时代使命。

荣誉在于奉献，使命在于为民。谈及人生价值，没有什么比得上救民于水火、助民于危难、给人民以力量。长宁地震救灾中，蓝色的马甲、橙色的身影汇聚成一股绵延不绝的暖流，给予灾区群众力量，让他们切实感受到来自党和政府的关怀。令人欣慰的是，我们应急人做的一点一滴，群众都看在眼里，记在心里。凉山州木里森林火灾发生后，全国各地消防员们不断收到社会各界送给他们的各种匿名礼物。长宁地震救援任务结束后，长宁群众自制凉糕为森林消防队员送行，再现“十里送红军”的感人场面。

这些场景告诉我们，在重大灾难、险情面前勇敢逆行，正是应急人实现人生价值、践行使命与担当的关键时刻。危难中，应急人就应为了保护人民生命安全挺身而出、迎难而上，成为群众的“主心骨”。

个人价值的追求要靠奋斗来实现，人生理想的风帆要靠奋斗来扬起。“士不可以不弘毅，任重而道远”。我们在前进道路上会遇到一些困难。但每个困难都是一块磨刀石，每项任务都是一座炼钢炉。

当前，提高应急救援能力，是推进国家治理体系和治理能力现代化的必然要求，是关系人民群众生命财产安全的大事，也是对我们应急人的重大考验。“精感石没羽，岂云惮险艰。”困难是一道坎，也是一道分水岭，跨过去就是一片天地。在困难面前，各级应急人不应消极畏难，更不能怨天尤人，既要看到困难和挑战，更要看到机遇，视困难为考验，把困难当机遇，变被动为主动，化压力为动力，克难攻坚、奋勇向前。面对困难和挑战，我们要善于斗争、敢于斗争，努力把研究解决问题作为斗争主战场，不断增强科学斗争本领，全面提高指挥协调、风险防范、救援处置、监管执法能力，打造最强信念、最强实战、最强本领、最强力量、最强堡垒。

（2019 年 9 月 25 日　刘洋、胡嘉岩）

坚决遏制小煤矿的“疯狂”

日前，各地接连发生的 4 起安全生产事故，再次警示安全生产必须警钟长鸣、常抓不懈。血的教训极其深刻，安全生产工作只有进行时，没有完成时，来不得一丝马虎和半点侥幸，必须始终保持高度警惕。特别是我省目前煤矿数量多、灾害重、规模小、基础差的现状没有根本改变。一些小煤矿因规模小、效益差、技术水平不高、采掘工艺落后、从业人员素质低，导致灾害治理难以到位，安全隐患突出，面临引导退出，开始上演“最后的疯狂”。煤矿生产安全事故易发多发的势头没有得到有效遏制，安全生产形势十分严峻，任务紧迫。

人命关天，发展决不能以牺牲人的生命为代价。安全生产必须作为一条不可逾越的红线。

欲事立须是心立，心不钦则怠惰。各地党委政府要进一步增强政治意识，把“两个维护”“四个意识”落实到工作中，体现在行动中，守土有责，严格监管，让人民群众安心放心。

要牢固树立安全发展理念，深入贯彻落实党中央、国务院关于深化供给侧结构性改革的决策部署，进一步提升煤炭供给体系质量，推动煤炭行业“上大压小、增优减劣”和产业结构调整，加快退出低效无效产能，提升安全生产保障水平。要树立正确的政绩观，坚持人民利益至上，依托资源不依赖资源，不吃资源饭，通过产业多元、产业升级，让经济发展更健康。决不能“一地致富，八方遭殃”，更不能“吃祖宗饭，砸子孙碗”。要牢固树立红线意识、底线思维，扛起政治担当，扛起责任落实，积极预防煤矿企业为盲目追求利润而导致的违法违规和超能力生产，努力做到“为之于未有，治之于未乱，防患于未然”。

能用众力，则无敌于天下矣；能用众智，则无畏于圣人矣。化解过剩产能、淘汰不安全落后产能是一项系统工程，需要“九牛爬坡，各个出力”。要发挥各级化解煤炭行业过剩产能工作领导小组指导协调、监督检查、巡查考核的作用，形成上下合力，齐抓共管。各级行业主管部门要加强组织领导，压实企业主体责任，推动小煤矿较多地区加快调整煤炭产业结构，引导市场主体提前制订退出计划，着力退出一批安全保障度低、生产效率低的小煤矿。要持续推动煤矿机械化改造攻坚行动，推进机械化减人和换人，提高煤矿产能，提升科技水平，降低劳动强度，降低事故风险。

疾风知劲草，烈火炼真金。各级安全监管监察部门要严格落实属地监管监察责任，敢啃“硬骨头”，敢趟“地雷阵”，敢涉“深水区”，把煤矿的重大风险隐患当成事故对待，真刀真枪地推动安全生产关口前移。要以“四不两直”方式，不定期开展明查暗访，做到不打折扣、不留死角、不走过场、见到成效。要严厉打击非法违法生产行为，真下手、下硬手、下狠手，全线出击、全场紧逼，让违法成为不可触摸的“高压线”。要以“铁手腕、铁面孔、铁心肠”的气势，集中力量惩戒一批典型。要严格落实“黑名单”制度，达到“惩治一个、震慑一片”的警示效果，倒逼企业落实主体责任。

强本而节用，则天下不能贫；本荒而用侈，则天下不能使之富。高质量发展是国家战略，体现了可持续发展科学理念，关系国家发展和民族复兴。计利当计天下利，求名应求万世名。企业发展不仅应尊重经济规律，还应尊重社会规律和自然规律。任凭企业不顾自然、不计代价、不问未来，竭矿而采，将会付出沉重的资源环境代价。古往今来无数事实证明，企业开发资源不能破坏资源，不能吃祖宗饭、断子孙路，要向规模化、集约化发展，早转型早受益。各企业要进一步建立健全安全生产责任体系，强化企业主体责任，认真处理好安全管理与生产建设的关系，加大安全投入，加强安全生产基础能力建设，确保各种安全规章制度在实际工作中落到实处。

安全生产关乎人民福祉，事关经济社会发展大局。经济社会发展的每一个项目、每一个环节都要以安全为前提。各级各部门只有时刻绷紧安全这根弦，不断强化责任落实、筑牢制度堤坝、织密防护网络，才能防患于未然，守护好生命安全。要以“不破楼兰终不还”的决心和“千磨万击还坚劲”的力度，坚决遏制小煤矿的“疯狂”，有效防范重特大安全事故发生，不断增强群众的获得感、幸福感和安全感。

（2019 年 10 月 21 日　刘洋、胡嘉岩）

打通安全生产最后一公里

近期，接二连三发生的安全事故，再次暴露出一些地方安全生产领域存在突出问题、面临严峻形势。安全生产如同达摩克斯利之剑高悬，不容商量，更不容选择。政府和企业都要严格落实安全责任，企业内抓，政府部门外抓，让安全意识入脑入心，让职工从被动注意到主动预防，切实堵塞安全漏洞，才能严防安全事故的发生。

利民之事，丝发必兴；厉民之事，毫末必去。安全是企业永恒的主题，企业是安全生产的责任主体。然而，有的企业利欲熏心，对安全生产工作掉以轻心，对工人生命极度不负责任，把“安全第一”当作口号写在纸上贴在墙上，作为避免监管部门处罚的挡箭牌，这样做带来的是血的代价。

万事安为先。安全是人的基本需求，是经济社会发展的基本保障。安全责任重于泰山，无论政府、企业还是个人，不管面对的是生产流程还是生活空间，都应始终保有安全意识、担负起应有的责任，共同守护好安全的环境。一些重特大安全事故，往往带有突发性、意外性、复杂性的特点，看似防不胜防、难以避免，实则萌生于日常被忽视的隐患、潜藏于不负责任的细节。可以说，人为疏忽与安全思想麻痹是最大的隐患，而隐患往往最终酿成事故。经调查统计，多起伤亡事故的直接原因都是人员误操作、冒险作业或者缺乏自救互救必备技能，“工人不会干”导致安全管理的基础非常薄弱。个别企业觉得技术不用锻炼、不用学习，谁都能上岗，先上岗后学习，这种错误的思想是导致安全事故发生的根源。特别是对农民工，由于他们与企业签订的合同时间短、流动性大，企业大都不愿花费时间和经费对其进行安全生产培训，为了节约成本漠视工人的生命，这无异于杀人。

事故是最大成本，安全是最大效益。监管部门和各行业主管部门要进一步加强对企业负责人的安全教育培训，其中，切实增强其安全意识和法制观念是关键。只有企业负责人安全意识增强了，对安全生产法律、法规充分了解了，才能关心和支持安全工作，把企业安全生产作为一项重要工作来抓，确保各项安全经费、各项安全管理制度和各项安全措施落到实处；才能在思想上形成“要我安全”到“我要安全”的转变；才能在追求企业经济效益的同时，更加注重社会效益，由被动接受监管到主动承担安全生产主体责任的转变，真正实现企业的安全发展。对于个别“要钱不要命”的企业，监管执法部门决不能心慈手软，法外开恩，不然便是对人民生命的亵渎。要以铁血手腕落实安全生产管理制度法规，将防止和减少生产安全事故，保障人民群众生命财产安全作为初心和使命，当好人民生命的守护神。

安全一头连着企业发展，一头连着千家万户。经济发展是安全生产的强力支撑，安全生产是经济发展的基石和保障，只有基石牢固，企业才能稳定发展。如果把经济发展比喻成一个木桶，那么安全生产就是这个木桶的底板。注重安全和追求利润并不矛盾，而是相辅相成，如果企业一味追求利润而忽视安全，那么所得的利润也终将付之一炬。

企业是社会的一个单元、一个“细胞”，社会是企业的“母体”，是企业生存、发展的依托。企业与社会是相互依赖、互相促进的。职工安全，不仅是企业发展的基本保障，更是家庭和睦、社会和谐的必要条件。企业要自觉地融入社会，主动承担社会责任，既要算经济账，更要算安全账、风险账。要认真履行安全生产主体责任，做到安全投入到位、安全培训到位、基础管理到位。要处处为职工着想，在安全生产细节上下足“绣花”功夫，力争让每一位职工都能安全工作、愉快生活。

“前车之鉴，后事之师”。企业应该利用各种学习时间对职工进行事故案例教育，请职工上台讲安全故事、分析安全案例，总结身边或自己发生的安全事故教训，让职工认识到安全行为规范既是自己生命的保障，也是家庭幸福的保障；要组织职工到安全事故现场进行观看，让他们讲讲事故发生的原因，说说怎样防止事故发生，进一步震撼职工的心；要以真心换取职工支持，用真情赢得职工信任，在细枝末节处体现对职工安全健康的关心，及时掌握职工身体健康和思想动态，减少隐患。安全管理是一项长期的、艰巨的工作，所涉及的都是一些具体的、琐碎的事情，平时多一次检查，多一句要求，就会大大降低事故发生的概率；要调动职工主动参与安全生产工作的积极性，人人都是安全隐患的发现者，人人都是合法维权的监督员，人人都是安全规定的宣传员，用“万无一失”来防止“一失万无”。

对于世界，你是一条生命；对于家庭，你是整个世界。“开开心心上班，平平安安回家。”这样简单而朴实的标语，醒目地出现在各个工厂、企业的大门上、白墙上、灰地上。它表达出一个个家庭的希望，是父辈拼搏时铭记的箴言，是孩子等待时翘首的盼望。无论时代经历怎样的变化，家国平安始终是每一个人心中的牵挂。一个个小家汇聚成大家，组成了社会，建立起国家。每一个职工将“平安”二字放在心坎上，绝不容许一起流血事故的发生，这是为小家负责，也是为社会负责，更是为国家负责。

安全是企业的生命线，职工是安全的守护神。但在实际工作中，往往有些职工自己也缺乏安全意识。有的天气热了不愿意戴安全帽、认为自己技艺纯熟而违规操作……事实告诉我们，以侥幸心理来工作最终都会带来不可逆转的伤害。在实际工作中，有些职工满足于99%而忽略了1%，认为这种情况极为少见、很难遇到。他们很少把1%的因素与事故联系起来，总觉得没那么巧，结果恰恰就让自己碰上。经验和教训告诉我们，只要存在1%的隐患，事故就有可能发生。

安全是对家人负责，是家人的期盼。企业员工理应将自己的生命安全放在首位。生命是自己的，有且仅有一次。工作的目的说大了是实现自身价值，为社会为国家做贡献；从小的方面来讲是为了抚养儿女，赡养父母，作为家庭的顶梁柱，不能倒也倒不得。在带着情绪工作时，想一想父母宽慰的笑容；在疲劳操作时，念一念贤妻诚挚的心声；当有侥幸的念头冒出时，思一思儿女绕膝的幸福。

尧问舜："天下孰最贵？"舜曰："生最贵。"这是上古圣人之语，也是永恒不变的真理。

（2019年10月30日　刘洋）

不忘初心　砥砺奋进再扬帆

岁月不居，时节如流。在无数次水与火的洗礼中，在持续顽强拼搏、攻坚克难中，四川省应急管理厅已走过了一年时光。

不忘初心，方得始终。追忆来处，有知难而上的开拓进取，也有静水深流的长远构建；有四川应急人日日夜夜的坚守，也有社会各界点点滴滴的努力。一年来，总有一种力量让我们泪流满面，总有一种力量让我们精神抖擞。四川应急人以自己的方式，诠释着忠诚、朴实、执着，验证着理想与信念的伟大力量。

这一年，我们边组建边应急、边应急边建设，加强顶层设计、完善体制机制，推出安全生产清单责任制、应急值班值守制度、自然灾害应急响应手册等一连串相关制度，主动迎接“全灾种”和“大应急”挑战。一线希望，百倍努力；没有最快，只有更快，一直是我们追求的目标。长宁地震震后 30 分钟，救援部队抵达震中地区；震后85分钟，第一名被困人员获救；震后4小时，救灾物资运达灾区；震后14小时，救灾通道全部打通……一次次会商研判，一次次指挥调度，都在时时刻刻提醒我们，什么是尽职守责，什么是同舟共济。

这一年，我们始终枕戈待旦、快速反应，寸阴必珍、寸阳必争，鏖战金沙江堰塞湖，迎击低温雨雪冰冻天气，激战木里森林火灾，奋战长宁地震和威远地震，多点多线作战甘洛、汶川暴雨灾害和乐山洪涝灾害……救民于水火、助民于危难、给人民以力量，我们一直在备战状态。上高山下火海、穿泥流避滚石，危险当道，我们义无反顾；困难面前，我们奋勇向前。一次次的应急响应，一次次的紧急驰援，都在时时刻刻提醒我们，始终保持应急状态，时刻准备再出发。

这一年，我们坚持安全第一、警钟长鸣，关口前移、整体防控，综合运用整治、执法、曝光、约谈、督查、联合惩戒等手段全线出击、全场紧逼，积极防范化解各类风险挑战，最大限度减少人员伤亡和财产损失。真诚把群众放在心上，努力保护群众生命财产安全，一直是我们的宗旨。牢记“红线意识”“人民意识”“问责意识”，不惧威逼利诱，与非法违法生产作斗争，不遗余力组织四川应急“2019保平安”安全执法专项行动。一次次执法，一次次暗访，都在时时刻刻警醒我们，安全大于天，责任重于山。

这一年，我们的一些战友和兄弟赴汤蹈火、竭诚为民，毅然担当起时代重任与使命，奋不顾身完成一次次最美逆行，谱写了一曲曲感天动地的英雄壮歌，让我们无比悲痛，让我们永远怀念。“你若安好，便是晴天”这样一句简单的话语，承载着他们毕生的信念与使命。一次次壮举、一个个英雄警醒我们，哪有岁月安好，只是有人选择用生命来捍卫生命，日升月落，亘古如斯。

筚路蓝缕启山林，栉风沐雨砥砺行。回首过去一年，牢记使命，攻坚克难；展望新的征程，不忘初心，勠力前行。我们要以打造“五个最强”的组合拳，奋力谱写四川应急管理事业新篇章。

要打造最强信念，坚守初心使命。把坚定信念落实到每个目标任务、每项具体工作的行动上，把责任扛起来，把本职工作做出色，用行动体现对党忠诚、干事创业的坚强党性。

要打造最强实战，担当职责任务。把最强实战体现在应急处置、严格执法、整治隐患、高效救灾上，尽最大努力防范风险、化解风险。

要打造最强本领，提升应急能力。既要有担当的宽肩膀，更要有成事的真功夫。着力加强应急指挥协调、风险防范、救援处置和监管执法能力建设，有效应对各类风险挑战。

要打造最强力量，凝聚强大合力。在建设应急团队文化、凝聚团队力量、锤炼防范力量等方面持续用力，营造团结共事的浓厚氛围，凝聚起强大的团队力量。

要打造最强堡垒，夯实发展基石。强化党组率先垂范作用，驰而不息加强队伍作风建设、廉洁自律管理，真正把初心和使命转化为党员干部锐意进取、开拓创新的精气神和埋头苦干、真抓实干的自觉行动。

“道足以忘物之得春，志足以一气之盛衰。”四川应急人将继续用朴实的行动应对“非常”与“平常”的考验，以生命践行使命，用热血铸就荣光，以奋发有为、勇往直前的信念跑好新时代应急管理的接力赛，为促进四川乃至全国应急管理事业、推动治蜀兴川再上新台阶作出新的更大贡献！

（2019 年 11 月 5 日　刘洋、胡嘉岩）

以“万无一失”防止“一失万无”

第四季度，极端恶劣天气增多，温度不断降低，用火、用电、用气频繁，生产经营进入年底评判阶段，安全风险增大。各地各部门必须切实增强做好安全风险防范工作的责任心和紧迫感，以“万无一失”防止“一失万无”。

民心是最大的政治，民安是最大的责任。要始终把“促一方发展，保一方平安”的政治责任牢牢扛在肩上。深入推动党政同责、一岗双责、齐抓共管、失职追责和“三个必须”的要求落地落实，加强部署检查，严格考核奖惩，确保责任层层跟紧、压力层层传导。深刻汲取事故教训，举一反三，切实把防范化解危化品系统性的重大安全风险摆在更加突出的位置，强化危险废物监管，严格落实企业主体责任，提升危化品安全监管能力。建立健全安全事故调查评估制度，对玩忽职守造成损失或者重大社会影响的，依纪依法追究当事方的责任，有效防范遏制重特大安全事故发生，切实维护人民群众生命财产安全。

去民之患，如除腹心之疾。要始终坚持“为之于未有，治之于未乱，防患于未然”的风险防范意识。结合今冬明春的安全风险特点，深入开展各行业领域的安全隐患大排查，“不放过任何一个漏洞，不丢掉任何一个盲点，不留下任何一个隐患”。要树立“隐患就是事故”理念，拿出对待事故的态度对待隐患，拿查处事故的措施查处隐患，一追到底、绝不姑息。各类企业要把安全生产责任落实到每个环节、每个岗位和每名员工，深入细致开展隐患排查治理，严防各类事故发生，确保安全生产形势稳定。

安全一万天，事故一瞬间。要始终保持警钟长鸣的工作状态，坚持从源头上防范化解重大安全风险。以推进危化品企业安全生产清单制管理为主线，推动地方党委政府、行业主管部门和企业厘清、落实安全生产责任，实现危化品全链条安全监管。要加强分工合作、共享信息资源、联合“打非治违”，危化品企业要严格履行主体责任，保障安全生产投入，提升安全科技水平。要加快危化品安全生产风险监测预警系统建设，强化督导问责，引导转变、紧盯风险、共建共享，提高危化品重大危险源动态监测预警水平，尽快实现从“连得上、看得见”向智能化监测预警的跃升，真正把问题解决在萌芽之时、成灾之前。

法立，有犯而必施；令出，唯行而不返。要始终用好监管执法这把“利剑”，精准监管执法，坚持“严”字当头、“命”字在心。坚持上下联动，统筹加大监管执法和监督检查力度。要针对今冬明春危化品安全生产特点，集中组织开展“打非治违”联合执法行动，对高危企业、重点区域、关键环节继续抓好执法检查，发现一起、查处一起、曝光一起，形成不间断、常态化的严查严管氛围，让违法违规企业倍感切肤之痛，使危化品违法行为无处遁形。

圣人无常心，以百姓心为心。要始终体现以人民为中心的发展理念，更加强调人民群众的获得感、幸福感和安全感。安全生产、安全运营，一头连着人民群众生命财产安全，一头连着经济发展和社会稳定。获得感、幸福感要以安全感为前提，没有安全感，获得再多也不会感到幸福。岁末年初历来是安全生产关键时期，各类企业进入生产高峰期，易出现赶工期、抢进度和突击生产、超负荷运转等问题，人流物流车流急剧增加，城乡供暖供气、用火用电需求旺盛，群众出行和聚会集会活动增多，安全生产面临较大挑战。

唯有本着对人民群众负责的态度，强化追责问责，敢于动真碰硬，确保工作不打折扣、不留死角、不走过场，坚决杜绝危化品重特大安全事故发生，才能更好地守护人民群众的生命财产安全。

唯有坚决打破非法利益格局，从根本上清除腐败和管理监管漏洞，对参与非法利益格局，玩忽职守酿成安全生产事故的，一律从严从重查处，才能更好地守护人民群众的生命财产安全。

唯有牢固树立安全发展理念，处理好发展效益与安全生产之间的关系，把人民群众生命安全放在第一位，为安全生产架设“防火墙”，以“万无一失”防止“一失万无”，才能更好地守护人民群众的生命财产安全。

（2019 年 12 月 9 日　刘洋）

你们是不辱使命的“守夜人”

2019年12月18日凌晨，川煤集团杉木树煤矿现场应急救援指挥部传来令人振奋的消息：经过长达近88小时的抢险救援，13名被困矿工全部获救！现场爆发雷鸣般的掌声。

成如容易却艰辛。每一个奇迹背后，都有着对生命的无上尊重，与对生命永不放弃的坚守。被困于井下、在生死边缘挣扎的矿工，在危境、黑暗、隔绝以及漫长的等待中分分秒秒地煎熬着，以生的渴望与死神对抗，用求生的意志在痛苦中期盼着救援的到来。身处困境的矿工仍然保有生的信念，其背后的强大支撑，是对救援人员、党委政府和相关部门的信任与信心。我们礼赞生命的顽强，更需礼赞救援人员始终不抛弃不放弃的生命坚守，哪怕是一丁点儿希望之光，也要努力放大到能在黑暗中照亮生命；哪怕只有一线生机，也要紧紧抓牢，让生命得以保全。生命无法拒绝两种坚守的相遇，无法拒绝同质性“顽强”的相融，所以聚变为“奇迹”。

疾风知劲草，危难见人心。面对突如其来的紧急险情，各方力量迅即响应、火速驰援、昼夜奋战，形成了科学高效专业的救援合力，汇聚了争分夺秒挽救生命的人间大爱。全体救援人员发扬特别能吃苦、特别能战斗的精神，克服井下地质和水文条件复杂的困难，供电、排水、通风等系统遭到破坏，涌水量大、井下多数巷道被淹没等困难，艰苦奋战近 88 小时。科学施救、接力施救，让你们始终保持着坚定信心，直至运用专业救援技能成功打通生命通道将被困人员全部救出，展现出应急救援队伍大无畏的精神和专业救援的职业素养。你们用实际行动为抢救人民群众生命安全作出了重要贡献，充分展现了忠诚担当、敢打硬仗的优良作风，生动诠释了不忘初心、牢记使命的品格风范，同时也成为被困人员一生中最感怀的“陌生人”。

士不可以不弘毅，任重而道远。仁以为己任，不亦重乎？死而后已，不亦远乎？长期以来，你们都在平凡的工作岗位上忘我工作、无私奉献，不计个人得失，舍小家顾大家，在人民群众最需要的时候冲锋在前，救民于水火，助民于危难，给人民以力量，在服务人民中传递党和政府的温暖，为维护人民群众生命财产安全不懈努力。事故灾害一次次发生，你们一次次逆向而行、不畏牺牲，一次次不屈不挠、永不言弃。灾难磨砺着你们坚强的意志，更赋予你们困境不屈、救援不惧、共克艰难、矢志不渝的坚韧精神。正是凭借这种精神，陌生的手牵在一块儿，彼此的心靠在一起，凝聚起同舟共济、共渡难关的温暖力量；正是凭借这种精神，你们一直战斗在打通生命通道的艰巨任务上，触动着人民心底最柔软的心灵，勇做“守夜人”；也正是凭借这种精神，我们在灾难中奋起，从废墟中挺立，书写下一个又一个抢险救援的动人故事。

天地之间有杆秤，那秤砣是老百姓。党和人民永远不会忘记把群众利益看作大于天地的人。救援这几日，每天都有不少职工和家属在杉木树煤矿大院周边守望。18 日清晨，当你们完成救援任务集结返回的时候，有煤矿职工和家属 30 多人自发站成一排，目送你们离开，向你们致谢、道别，祝你们永远平安。

（2019 年 12 月 19 日　刘洋、胡嘉岩）

致敬“守夜人”

应急管理是国家治理体系和治理能力的重要组成部分，承担防范化解重大安全风险、及时应对处置各类灾害事故的重要职责，担负保护人民群众生命财产安全和维护社会稳定的重要使命。应急管理部门全年 365 天、每天 24 小时都应急值守，随时可能面对极端情况和生死考验。应急管理具有高负荷、高压力、高风险的特点，应急救援队伍奉献很多、牺牲很大，各方面要关心支持这支队伍，提升应急人职业荣誉感和应急工作吸引力。

一年三百六十日，多是横戈马上行。基层应急人处于工作第一线，是抢险救灾的骨干，是党和政府联系群众的桥梁和纽带，也是人民群众了解党和政府的窗口；基层应急管理是吃劲岗位，防范化解重大安全风险难题多、挑战大；基层应急管理工作还是得罪人的工作，不仅需要默默付出、埋头苦干，还要能扛得住压力、经得起挫折、受得了委屈，保护好、调动好、发挥好他们的积极性十分重要。

此时此刻，还有许多人在坚守岗位，许多人在守护平安。各级党委政府要重视基层应急队伍建设，做到政治上关心、工作上支持、生活上照顾、精神上激励。

“为众人抱薪者，不可使其冻毙于风雪。”要对基层应急人多理解、多支持，多关心、多帮助，突出事业引领，树立“靠素质立身，靠事业进步”理念，为广大干部搭建干事创业、施展才华的舞台，推动干部在事业中提升素质和专业能力，激发干部干事创业热情。要有组织、有计划把优秀年轻干部放在应急一线、吃劲要紧岗位和急难险重任务中去真刀真枪磨砺，强弱项、补短板，学真本领，练真功夫。要抓住想干事、能干事这两个关键点，建立健全正向激励机制，主动为敢于亮剑的应急执法干部加油壮胆、鼓劲撑腰，做他们的坚强后盾，支持解决安全生产问题、提高应急救援能力，共同分担责任、共渡难关，让他们想为、敢为、勤为、善为，推动形成鼓励担当、崇尚担当的良好环境。

崇尚英雄才会产生英雄，争做英雄才能英雄辈出。基层应急管理人在应急抢险特别是事故救援、抗震抢险等过程中，时刻面临着次生、衍生事故，生命安全受到严重威胁。各级党委政府要满怀感情地为基层干部解决工作和生活中的实际困难，从关心基层干部的“油盐酱醋”入手，着眼细节，围绕基层干部的日常生活稳定、工作能力提升、工作环境改善、工作任务安排等方面，设身处地为基层应急干部着想，为基层应急干部解决后顾之忧，激发基层应急干部工作活力。要建立健全激励机制，着眼抢险救灾、安全监督危险性特点，积极争取出台符合应急管理特点的各项保障政策，完善医疗救治、心理康复、疗养、保险和抚恤优待、值班值守补助等制度，组织长时间在应急处置一线工作的干部轮班、补休，使他们的身心得到必要的休整。要建立健全保险保障机制，及时为基层一线人员购买意外保险，增加基层应急人的安全感；建立健全伤残补助机制，对因公发生重大伤残伤亡的，要在执行现行伤亡伤残补助标准的前提下，进一步加大对伤亡人员家庭的关爱力度，解决他们的后顾之忧，真正让基层应急人累有所依、困有所解；要想方设法发挥精神、物质激励作用，大力宣传表彰冲锋在前抢险救灾、安全监管执法的先进典型，让社会形成一种尊崇英雄、争做英雄的浓厚氛围。

鱼知水恩，乃幸福之源也。每一次救援、每一次抢险，也都有无数人在默默关心着应急人的安危，祝愿应急人平安归来。值此2020年新春佳节即将到来之际，向关心和支持应急管理事业的社会各界人士、应急管理干部职工及家属表示衷心的感谢，衷心祝愿新春愉快，阖家欢乐，幸福安康，万事如意！

（2020年1月23日　胡嘉岩）

以高度警觉绷紧复工复产安全弦

春节后复工复产阶段历来是生产安全事故易发多发时期，各类生产经营单位复工复产极易出现准备不充分、员工精神状态不佳、安全管理不到位等问题，加之我省自然灾害多发频发，各类不安全因素交织叠加，无形中给应急管理工作带来严峻挑战。

生命重于泰山，责任大于天。复工复产阶段，面对复杂多变的安全形势，应急管理系统各级党组织要坚守为民初心，担负应急使命，以新的精神面貌，强化一盘棋意识，坚持安全生产和经济发展两手抓，坚决防止各类安全事故的发生。要严守红线意识和底线思维，主动加强和企业的沟通交流，做好重点行业领域的服务保障、安全服务检查以及防控应急准备，为全省安全生产工作营造良好安全环境，确保人民群众生命财产安全和社会大局稳定。

烈火之中炼真金，狭路相逢勇者胜。越是严峻挑战越需要应急人立足实际，迎难而上，主动作为，早敲警钟、早做谋划、紧密布防。成都青白江5.1级地震再次警示我们在特殊时期，要增强应对危机的主动性和超前介入的积极性，提升在复杂状况下的实战技能和应急能力。严格落实省安办、应急管理厅《关于切实做好当前安全生产工作的通知》，把应急管理、安全生产、防灾减灾的防护网织得更加紧实、更加牢固，让社会少一些忧虑、多一分安全，为这场人民战争的胜利多尽一份力、一份责。

做足“绣花功”，才能“精准复工”。随着职工陆续返岗，企业开始复工，人员流动增加，安全生产工作面临新形势、新情况，特别需要各地下一番“绣花功夫”，制定周密的应对预案和监管措施指导企业“精准复工”。要把形势估计得更严峻一些，把问题想得更复杂一些，把措施定得更超前一些，把决心下得更坚决一些，把服务做得更暖心细心一些，始终坚持红线意识，树牢底线思维，严防安全生产措施不到位的企业贸然复工复产。要紧紧依靠科技力量，通过卫星侦测、无人机探察、地震监测仪监测等方式，深入分析、研判、监测重点区域和关键节点可能发生的自然灾害，提前做好应对措施，防患于未然。要创新安全监管方式，善于利用媒体和互联网曝光安全隐患，调动广大群众开展安全风险排查，推进安全风险网格化管理，筑牢安全生产的人民防线。要科学制定应急救援预案，通过落实防护防化装备，及时组建各级消防、森林消防特勤队伍，制定转移避让、集中安置、抢险救援、抗震救灾、灾后重建等各个环节专项应急预案或应急处置规程，确保随时参与突发事件处置，全力以赴赢得特殊时期应急管理工作的胜利。

（2020 年 2 月 9 日　谭晶）

把风险解决在萌芽之时、成灾之前

时下，我们正处于应对挑战的关键阶段。这一系列的挑战是对我国治理体系和能力的一次大考，更警醒我们应急管理人员必须时刻保持高度警惕，不断识别风险、弥补短板、强化薄弱环节。当前形势和使命要求我们应急人必须时刻保持如履薄冰的谨慎、见叶知秋的敏锐，随时准备应对各类灾害事故的发生；必须坚持底线思维、增强风险意识，从源头上防范化解重大安全风险；必须居安思危，增强忧患意识，不断提高处理急难险重任务的能力，有效应对各种重大突发事件，真正把问题解决在萌芽之时、成灾之前。

宜未雨而绸缪，毋临渴而掘井。“图之于未萌，虑之于未有。”各级各部门要进一步增强忧患意识，既要高度警惕“黑天鹅”事件，也要防范“灰犀牛”事件，见微知著、防微杜渐，下好先手棋，打好主动仗，最大限度考虑可能存在的风险、隐患，把困难想得多一点，把风险想得大一点，把应对措施想得更足一点，努力把风险控制在萌芽状态，尽力避免灾害和事故的发生。要增强责任意识，充分认识安全风险防控的重要性和紧迫性，进一步增强防范化解重大风险的政治自觉和责任担当，经常性摸排调研，切实把风险消灭在萌芽状态，把问题解决在未发之时。要加大应急管理信息化建设，推行在线审批、数字监管，加强大数据分析研判，及时掌握隐患排查治理情况，针对问题隐患，组织专家远程“会诊”。要树立关口前移的防范意识，加快推进安全生产清单制管理工作，完善风险评估研判、预警监测、信息互通等机制，做好应急处理预案，做到有条不紊、有备无患。一旦出现风险，要找准风险问题的成因，采取硬招实招高招，做到有效处置。

祸患常积于忽微，应治之于未乱。安全生产最怕心存侥幸，最大危险是看不见问题。要全力以赴抓好清单制管理工作各项任务落实，摸排重点，紧紧盯住容易发生重特大安全事故的行业、部门和关键岗位，摸排出重大问题隐患；督促各地和高危企业严格落实安全技术保障措施，对不具备安全条件、擅自复产的依法依规严肃查处。要突出强化企业主要负责人的责任，在开工复产关键时期必须在岗履责，盯守现场，重要岗位技术人员要在岗在位，防止仓促开工引发事故。要聚焦危化品、煤矿等重点行业领域，抓好重点行业、重点企业、重大风险和关键岗位的清单制管理工作，强化安全生产监管执法，全面堵塞安全监管漏洞，坚决防范和遏制各类安全生产事故发生。

求木之长者，必固其根本；欲流之远者，必浚其泉源。在安全风险防控面前，没有人是一座孤岛，没有人能够置身事外，也没有一颗螺丝可以松动、一根链条可以断裂、一个阵地可以弃守。数据显示，90％以上的森林草原火灾是由上坟烧纸、吸烟、烧秸秆以及燃放烟花爆竹等人为原因引发的。各级各部门要坚持群众观点和群众路线，问政于民，问需于民，问计于民，动员人民群众群防群策，吸取群众中间的智慧和力量转化为党的执政能力，在全社会形成善管善治的合力。要推动应急管理和安全知识宣传进企业、进农村、进社区、进学校、进家庭，普及安全知识，培育安全文化，大力营造安全风险防控的宣传教育氛围，力争取得明显的社会效应。要开展常态化应急疏散演练，支持引导社区居民开展风险隐患排查和治理，积极推进安全风险网格化管理，广泛发动群众、动员全民参与，筑牢防灾减灾救灾的人民防线。

学所以益才也，砺所以致刃也。“知不足，然后能自反也；知困，然后能自强也。”各级应急管理部门和人员要聚焦突出问题，着力在补短板、强弱项上下真功夫、苦功夫。要按照精准、科学、管用的原则，完善各类突发事件应急预案，形成“横向到边、纵向到底”的突发事件应急预案体系。要组织各类应急管理培训，通过培训提高应急管理意识，熟悉掌握应急预案和相关工作制度、程序、要求。要举行各种灾害事故的应急演练，以练为战，通过演练熟练掌握应急预案的各项操作规程。要强化应急值班值守，全面落实 24 小时在岗值班值守制度，在发生紧急情况时可以及时应对处置。特别是要提高基层“第一响应者”直面突发事件的应对能力，为全面提升应急处置能力提供支撑。

备豫不虞，为国常道。从源头上防范化解重大安全风险，筑牢安全防线，是利国安民的大事，也是紧迫而艰巨的任务。各级各部门要全力推动省安委会一号文件的落地落实，乘势而上、狠抓契机，健全风险防范化解机制，全面排查风险、找准最大风险、有效化解风险，真正把问题解决在萌芽之时、成灾之前，彻底扭转当前安全生产方面的被动局面，为维护人民财产安全和社会长治久安提供更加有力的保障。

（2020 年 3 月 9 日　胡嘉岩）

让清单制管理精准“靶”向安全生产风险点

事故随时发生，大小偶然之间。随着时代发展，安全事故似乎已经成为社会的一个“老大难”问题。面对安全事故，各地都会出台一系列狠招、硬招、实招，出了事故马上痛心疾首，说狠话、下狠心。事故一过，各项工作照旧。部分企业面对经济利益，往往好了伤疤忘了痛，安全生产主体责任不落实，“三违”现象屡禁不止；一些地方“执法不严、工作不实、责任追究不到位”，执法检查服务指导不深入，存在“宽和松”等问题；一些地方和部门安全意识麻痹松懈，重事故处置、轻事前风险防控隐患排查，习惯搞“一阵风”检查、“运动式”整顿，缺乏精准监测防控能力，给安全生产带来了许多认不清、想不到、管不住的问题。无处不在的风险和隐患，让各级党委政府如履薄冰、如临深渊；一起起事故的发生，无时无刻不牵动着广大群众的神经。

犯其至难，图其至远。自2019年6月以来，四川省安全生产委员会办公室围绕“有效管控重大安全风险、坚决防止重特大事故发生”两大核心，不断探索从本质上进行安全生产精准管控和过程管理。2020年2月，省安委会更是以一号文件出台《关于印发进一步推进安全生产清单制管理工作方案的通知》，要求在全省范围全面推开安全生产清单制管理，将清单制管理作为稳住安全生产基本盘里的“千斤顶”，压紧压实党委政府的属地责任、行业部门的监管责任和企业的主体责任，全面加强风险管控和隐患治理，坚决遏制重特大安全事故发生，实现安全生产由事后被动应对到事前主动预防、精准预防的转变。

能理乱丝，乃可读诗。责任落实是安全生产的灵魂，职责不清是安全生产的大敌。然而，由于各个责任主体的安全生产职责往往散落在众多法律、法规、规章和红头文件中，缺乏系统完整的责任清单，一些单位、领导和企业对安全生产工作的重要性往往认识不足、责任不清，不知道自己在这方面的职责是什么，不清楚日常工作要干什么，这不仅阻碍着经济的发展，更将职工置于风险隐患高的环境当中。而清单制管理作为四川在安全生产领域推出的“头号工程”，正是要牵住安全生产工作“牛鼻子”，完善和落实安全生产责任和管理制度，加强风险管控，实施源头治理、综合治理、精准治理。

若网在纲，有条不紊。对于党委政府、行业部门和各级安委会，厘清责任清单可以从根本上划清重点、明确职责，为各方责任主体落实安全生产责任确立长效机制，避免监管出现死角盲区，标本兼治，提升本质安全水平，为经济社会发展提供安全稳定的社会环境；对于各级党政领导干部，照单履职既能消除履职尽责部门和人员负无边界“连带责任”的担忧，从而大胆放手抓发展抓民生，更能激发尚未履职尽责到位者尽快履职尽责，变工作被动为工作主动，变事后应急处置为事前事故防范；对于行业主管部门，清单制既明确相关行业主管各自监管职责的“横向清单”，也将行业主管部门内部主要负责人、分管负责人、业务科室负责人、主办人员的职责具体到岗位到人头，形成“纵向清单”，确保各行业主管部门和主管部门内部职责清晰，解决推诿扯皮等问题；对于承担安全生产主体责任的企业，清单制推动实现闭环管理，各个岗位要做什么、该怎么做，一目了然，让每一个岗位的责任人都能对相关的安全生产规律特点、重点环节安全管控、应急预案和物资等内容，做到心中有数、手中有术，减少或避免出错的可能性，确保把问题解决在萌芽之时。

向来枉费推移力，此日中流自在行。看不到危机是最大的危机，不知道风险在哪里是最大的风险。清单制管理之于安全，犹如“飞行员手册”之于飞机，飞行员只需照单逐条对应调试按钮、查看仪表、校对数据等流程，做到眼到、口到、手到，便能确保正确操作、排除失误、安全飞行。而在生产经营过程中，最重要的同样也是安全，清单制管理的核心要义就是有效管控重大安全风险、坚决防止重特大安全事故发生，简言之就是确保做正确的事和正确地做事，防范无能之错。对比以往“一阵风”“运动式”地抓安全生产工作，清单制管理把安全生产责任落实到每一个“人”这个主体与核心，串成一个环环相扣、滴水不漏的工作流程，将企业生产过程中设施设备维护、系统运行监控、安全操作规程等纳入清单，以实现政府领导有力、部门监管有效、企业责任落实、社会参与有序，确保照单开展事故隐患排查和治理，实现安全风险排查和管控科学化、信息化、标准化的长效机制。

使除患无至，易于救患。面对风险和隐患，清单制管理同时也充当着温度计和晴雨表的功能。在清单中制定安全生产预警机制的规范、标准，并明确各级党委政府、行业监管部门和生产经营单位在安全生产预警中的责任与义务，保证预警机制高效运转，达到对隐患正确辨识、防错、纠错、治错的目标。清单中的应急预案也能明确突发事件事前、事发、事中、事后各个阶段的应急处置工作由谁来做、做什么、怎么做，从而能够从容应对突发事件，把风险消灭在成灾之前，遏制重特大安全事故的发生。

万目不张举其纲，众毛不整振其领。做任何工作必须分清轻重缓急，才能有条不紊地掌握工作的大方向、主动权。要抓点带面，通过抓重点，特别是容易发生重特大安全事故的行业领域，利用清单制减少重大安全风险、防止重特大安全事故发生的成功案例，带动全省整体面上推动清单制管理落实，实现全省的重点带动全省的面，各市州的重点带动各市州的面，各县的重点带动各县的面，切实让清单制管理横向到边、纵向到底，不留盲区，不留死角。面对危化品、煤矿、非煤矿山、消防等重点行业危险性较大、隐患较多、极易发生重特大安全事故的重点企业、重大风险和关键岗位，要对风险隐患进行差异化评估和分级控制，并在清单中制定风险分级管控与隐患排查治理工作，确保风险防控和隐患治理措施落在实处。要加快模块发布，及时协调党委政府、行业主管部门认真按照省安委会一号文件规定，围绕“有效管控重大安全风险和防止生产安全事故发生”两大核心要义，加快发布党委政府、行业部门、企业三个最主要的主体责任清单模板，确保清单制管理快速推开。

大道至简，实干为要。安全生产既是一项实实在在的工作，更是一项重大政治责任，来不得半点马虎，容不得丝毫形式主义和官僚主义。各地各部门各企业要充分认识到清单制管理是解决好安全生产本职工作的重要抓手，是防止重特大事故、全面提升风险管理水平的“千斤顶”，要从思想上重视、心理上信服、情感上认同，把清单制管理作为抓安全生产基本盘里的基本面；坚决摒弃各种繁文缛节，着力简化和优化清单的形式，形成简单易懂好记的口号式、标语式的清单，让各级党委政府领导、部门监管人员、企业员工抬头能见，低头能做；杜绝大而全、华而不实的“材料式清单”“指标式清单”“突击式清单”，反对把本该实打实的工作变成作秀和堆材料式游戏，致使看似清单不少，实则束之高阁、一无是处，甚至成了应付检查督查的假把式；坚决反对只顾“面子”、不要“里子”的花架子，非但未盯住重要行业、重点岗位、重大风险源等关键重点，解决不了安全风险和隐患等实际问题，反而虚耗了企业、员工大量精力，成为推进清单制管理的“拦路虎”“绊脚石”；坚决把安全生产的一切指令落实到企业、到职工，下足“绣花功夫”建立“横向到边、纵向到底”的责任体系，决不能从政府到政府、从会议到会议、从文件到文件；坚决不能一阵风式抓清单，要长久坚持、贯穿安全生产始终，给各个企业留有足够的时间和精力集中到解难题、求实效、抓关键上来，真正把清单制管理落到实处，激发出清单制管理的强大生命力。

人生百年几今日，今日不为真可惜。安全生产人命关天，应急人使命在肩。让我们紧握清单制管理这一管长远利当前的“硬核”武器，变事后被动应对到事前主动预防、精准预防，把安全生产的漏洞一个个补上，把安全生产的问题一个个解决掉，筑起安全生产的铜墙铁壁，守护人民群众生命财产安全，切实增强人民群众的获得感、幸福感、安全感，为推动治蜀兴川再上新台阶提供更加坚实的安全生产保障。

（2020 年 3 月 16 日　谭晶）

复工复产“快进”路上要握牢安全方向盘

目前，我省各地纷纷按下复工复产的“快进键”，各企业都在开足马力抓紧生产、扩大生产，从“暂停”到“重启”再到“加速”，力争把“失去的时间抢回来”，推进生产生活秩序全面恢复。

速度带来美感，却也总是伴随着风险。一些企业为了抢工期、补损失，超强度加班、超强度作业，甚至铤而走险违法违规生产，导致安全生产的制约因素比平时更多、风险更大。加之一些地区、企业未牢固树立安全发展理念，安全生产主体责任没有压紧压实，安全管理基础仍很薄弱，安全生产形势依然严峻复杂。

复工复产必须加快推进，但安全生产容不得麻痹大意，因为它没有丝毫的容错空间，一旦出现安全失误，就可能造成不可挽回的局面，一切复工的努力都会付诸东流。

知责任千钧之重，守责任万分之实。复产复工既是对各级党委政府治理能力的一次大考，也是安全生产直面的一次大考。如何妥善处理两者关系，是对各地治理能力的考验。如果我们风险意识、底线意识、问题意识、忧患意识不强，思想麻痹松懈、工作大而化之，就有可能因一时疏忽或应对不当引发重大事故，不仅影响复工复产进程，也会给全国大局带来影响。如果复工复产过程中出现安全事故，那势必也将影响整个地区复工复产的进度和效果，不仅没有尽到责任，相反还会拖了经济发展的后腿，得不偿失。各级党委政府必须坚决扛起“促一方发展、保一方平安”的政治责任，树牢安全发展理念，加强安全生产监管，切实维护人民群众生命财产安全。各地要按照安全生产清单制管理的要求，逐一细化明确各级党委政府、监管部门和企业的职责，把安全生产责任落实到每一个具体的单位、岗位和责任人，逐步实行“照单履责、按单办事”，从而达到明晰责任、规范管理、防范化解重大安全风险、防止重特大事故发生的目的。

复工复产千万条，保证安全第一条。安全生产与复工复产并不是矛盾体。安全工作做得越细越实，复工复产越能得到保障。一个企业如果不顾安全生产，干得再热火朝天，一旦发生事故，多年的经营与付出都会毁于一旦。因此，在加速有序推动复工复产的同时，对安全生产不能有丝毫麻痹和松懈。各地要按照各行业领域安全生产管理清单制模板（1.0 版）的要求，对风险隐患进行差异化评估和分级控制，并在清单中制定风险分级管控与隐患排查治理工作，确保风险防控和隐患治理措施落在实处。这些工作看似烦琐复杂、费时费力，但不可缺失，因为安全生产工作的重点就在于发现隐患、消除隐患，只有做实做细，不留余地不留死角，才能在复工复产中争取主动，快速行驶。

精准监管到岗位，指导服务到人头。当前，全省生产秩序加快恢复，各类风险因素明显增多，这给安全生产监管工作带来了很多新挑战。安全监管应该因地制宜调整优化精准监管措施，盯紧盯牢重点行业、重点企业、重点部位以及人员密集场所，通过“分类施策”“一企一策”和专项行动等方式进行精细化监管，用“绣花功”织密防护网。要坚持监管与指导服务相结合，帮助企业按清单制管理建立安全生产体系，排查隐患、指出问题、指导整改；组织专家组开展精准指导服务，实行远程“会诊”与上门服务相结合，帮助解决安全生产难题；督促企业自查自纠，对企业主动发现、自觉报告的问题隐患，重点实行跟踪指导服务。要实施分级分类精准化执法、差异化管理，防止简单化、“一刀切”；强化监管执法和追踪问效，深入开展“四不两直”明查暗访、异地交叉检查，对重点问题、重大隐患盯住不放、一抓到底，督促彻底解决。要充分运用正反两方面的典型，积极开展以案释法，加强宣传教育，鼓励和引导广大群众特别是企业职工举报重大隐患和违法违规行为，形成全社会参与支持、群防群治的良好局面。

绳锯木断，水滴石穿。确保复工复产动起来，更要动得好动得安全，不是一蹴而就、一劳永逸的，也不是“光吼不练”的，更不能搞流于形式、层层推责的形式主义、官僚主义，而要坚持防患于未然，务实推进、久久为功。各地要以安全生产清单制管理为基础，完善和落实长效工作机制，严格落实安全生产责任制，建立安全生产预防控制体系，打牢安全生产基础。推动企业由被动接受安全监管向主动加强安全管理转变；安全风险管控由政府推动向企业自主开展转变；隐患排查治理由监管部门行政执法向企业日常自查自纠转变，让人人绷紧安全生产这根弦，促进安全生产形势实现根本好转。还有一些企业多年来从没有发生过安全生产事故，这导致安全管理人员思想麻痹大意，防范措施往往流于形式。这类单位更要从最坏处打算、从细微处着手，以高度警惕、警钟长鸣的态度去做好安全生产工作，以“万无一失”的状态去严防“一失万无”，全面提升本质安全水平。

知者善谋，不如当时。当前，复工复产“火力全开”，在这个过程中既要跑得快，又要跑得稳。我们要始终绷紧安全生产这根弦、摆正安全和发展的位置，精准管控防范化解各类安全风险，牢牢握紧安全的方向盘，着力保障企业复工复产提速扩面，奋力开拓安全生产工作新局面，为决胜全面建成小康社会和推动治蜀兴川再上新台阶提供更加坚实的安全保障。

（2020 年 4 月 29 日　谭晶）

筑牢防灾减灾救灾的人民防线

今年5月12日是我国第12个全国防灾减灾日，主题是“提升基层应急能力，筑牢防灾减灾救灾的人民防线”。

安全，生命之基石。安全，生存之根本。安全，是人类最本能的需求。据了解，绝大部分安全事故是人员操作不当、安全意识淡薄造成的，大部分的灾害伤亡是因为防灾意识淡薄、缺乏自救技能。

四川省地域辽阔，地形地貌复杂，地震、洪涝、地质灾害多发易发，重化工等高危行业（领域）在工业中所占比重大，煤矿矿井小、条件差、隐患多，安全风险防范形势仍然复杂严峻。特别是当下，各地正在抓紧全面恢复生产生活秩序，加之汛期将至，生产安全事故和自然灾害耦合，综合风险防范面临前所未有的挑战。面临的不稳定不确定因素越显著，越需要全力普及安全知识，培育安全文化，提高防灾减灾意识，筑牢防灾减灾救灾的人民防线。

喊破嗓子，不如甩开膀子。筑牢防灾减灾救灾的人民防线是一项实打实的工作，是生命工程，无论是责任落实，还是工作推动，都需要各级党委政府“促一方发展、保一方平安”，用心有力落实责任。但现实中，一些地方和部门只重发展不顾安全，将其视作无关痛痒的事，搞形式主义、官僚主义，最后酿成大祸。一些单位在落实属地管理责任上不担当、不作为、乱作为，要么以文件落实文件、会议落实会议，要么用“属地管理”“甩锅”责任，短期看似收效不错，长期则“副作用”明显。各级党委政府要居安思危，时刻绷紧思想之弦，立足当前，着眼长远，以对人民极端负责的态度，全面推进安全生产清单制管理，建立安全生产责任落实机制、压力传导机制，主动出击，沉下心、踩到底，筑好“防火墙”、打好“预防针”、拧紧“安全阀”，确保筑牢防灾减灾救灾的人民防线工作既“红红火火”，又“扎扎实实”。

功成不必在我，功成必定有我。筑牢防灾减灾救灾的人民防线涉及方方面面，与经济社会的发展并肩而行，指望一个部门“力扛千斤”，几乎是不可能的。当前，有的部门把责任落实当作“烫手山芋”、避之不及、有意躲闪，有的心存侥幸、疏于监督、假装糊涂，有的嘴上喊得响、手上抓得松、厚此薄彼，埋下安全隐患“定时炸弹”。特别是在目前经济下行压力较大、企业急于复工复产的情况下，忽视投入、安全管理滑坡，欺上瞒下、敷衍了事，发现重大隐患仍然侥幸蛮干，极其危险。面对这颗“定时炸弹”，只有建立与有关部门和单位协同联动、共同参与的机制，才能精准施策、有的放矢，才能促使责任链条无缝对接，才能确保各个单位、行业主管部门心往一处想、智往一处谋、劲往一处使，披荆斩棘、攻坚克难，筑起安全“防火墙”。

木无本必枯，水无源必竭。人民群众是筑牢防灾减灾救灾人民防线的依靠力量，必须走好走实群众路线，充分发动群众、依靠群众。往往在灾害事故发生前，广大群众对安全生产漠不关心，对事故危害无知无畏，既缺乏必要的安全知识，又缺乏必要的自救技能。一旦出了惊天动地的大事，人们才恍然大悟，原来它很容易变成夺命的膏肓之疾。筑牢防灾减灾救灾的人民防线，需要注重方式方法，走好群众路线，深入开展安全宣传活动，进企业、进农村、进社区、进学校、进家庭。只有树牢以人民为中心的发展思想，深入基层一线，深入人民群众，才能抓住人民群众关心的安全问题，满足人民群众迫切的安全需求。只有突出宣传重点，创新宣传手段，拓宽宣传渠道，才能扩大安全宣传覆盖面。特别是偏远乡镇，要广泛发动群众、动员全民参与、汇聚民智民力，筑牢第一道防线，让人民群众做自己安全的主人，实现从“要我安全”变为“我要安全”，提高全社会整体安全水平。

逆水行舟，一篙不可放缓；滴水穿石，一滴不可弃滞。筑牢防灾减灾救灾的人民防线，不是一蹴而就的，需要每个主体久久为功，一以贯之，履职尽责。唯此，方能不断满足人民群众对美好生活的向往。

（2020 年 5 月 12 日　谭晶）

常敲警钟　更要敲法槌

“安全”是生产生活的必要条件和先决条件，响当当沉甸甸。今年6月是全国第19个“安全生产月”，主题是“消除事故隐患，筑牢安全防线”。强化安全生产警示教育，敲响安全生产警钟，推进依法治安，坚守“发展决不能以牺牲人的生命为代价”这一不可逾越的红线，是“安全生产月”活动的重要组成部分，也是各级党委、政府不可推卸的政治责任，更是各个企业生死存亡的关键。

当前，一些地区看似警示教育不断，安全监管监察执法力度不减，但“刀不快、腰不硬”的问题依然突出。少数地方对违法违规行为视而不见，个别企业对安全警示无动于衷，还有少数地方不严格执行“四个一律”要求，只检查不执法、检查多执法少。“麻秆打老虎”，这些不痛不痒的执法，导致执法失去了应有的惩戒、警示丢掉了必要的震慑。

法治不彰，法之不行。安全生产是事关群众生命财产安全的大事，必须常抓不懈。常敲警钟，更要敲法槌，必须强化依法治安，用法治思维和法治手段解决安全生产问题。严格落实停产整顿、关闭取缔、上限处罚、追究法律责任“四个一律”执法措施，依法运用查封、扣押等强制手段，真正严起来、硬起来、实起来，对典型违法行为和违法人员公开曝光，推动企业严格履行法定责任。积极推动完善行刑衔接制度，对严重违法行为坚决追究法律责任，强化惩戒震慑。

小洞不补大洞难堵，小患不防大患难当。企业管不住风险，风险就会吞噬企业。常敲警钟，更要敲法槌，就是要通过强化警示教育，推进依法治安，推动各类生产经营单位尤其是企业负责人、实际控制人，从各类事故中吸取沉痛的教训，保持对安全生产心存戒律，对安全生产的法律法规心存敬畏，对职工生命安全心存责任。督促企业在思想上“绷紧弦”，工作中“拉满弓”，把解决问题、推动企业主体责任落实作为警示教育的关键，层层压实责任，让企业清醒地认识到，企业不消灭事故，事故就会消灭企业，企业不把风险关进笼子里，就会把自己送进监狱，从而自觉主动地防控重大风险、治理重大隐患，确保企业一年三百六十五天，天天都平安。

世上没有后悔药，人生没有返程票。常敲警钟，更要敲法槌，就是要通过警示教育和依法治安这种特殊的方式，给人以震慑、警醒、启示、教化，让各级领导干部、企业负责人保持清醒，警钟长鸣，引以为戒，不断增强政治定力、纪律定力、道德定力、法律定力，让“看片人”莫成“片中人”。

警钟长鸣，法槌常敲。安全工作没有休止符，只有进行时。敲响安全生产警钟，推进依法治安永远在路上。让我们携手共进，重视安全、关注安全、宣传安全、参与安全，推动安全生产共建共治共享，用辛勤的劳动换来人民群众幸福美好生活，为推动治蜀兴川再上新台阶提供稳定的社会安全环境。

（2020 年 6 月 16 日　谭晶）

枕戈待旦“防大汛”
秣马厉兵“救大灾”

四川是千河之省，防汛救灾历来是“天大的事”。自 6 月起，四川正式进入主汛期，雨水也如期来临。从气象部门的分析来看，今年汛期我省温度偏高，旱涝灾害交替，发生极端天气气候事件风险较高，抢险救援任务艰巨繁重。然而，个别地方基层干部多年防汛不见汛，没有遇到过大洪水，从而产生了松懈麻痹思想：一些地区对汛情判断不清、隐患分析不明，救援策略准备不足，离安全顺利完成各项救援任务还有不小差距；个别地方将应急救援预案停在纸上，应急储备缺东少西，一旦遇到突发情况慌张忙乱，不知道该如何处置；一些单位平时不“烧香”，较少有针对性地开展应急演练和培训，专业救援人员不足、素质不齐，救援能力比较薄弱，给抢险救灾工作带来巨大挑战。

硬仗在前，责任如天。各级各部门必须牢固树立“生命至上、安全第一”理念，立足“防大汛、抢大险、救大灾”，进一步强化底线思维和风险意识，保持 24 小时战备状态，抓紧补短板、强弱项，打造尖刀和拳头力量，大力提升灾害应急救援能力，全面提升应急指挥水平和救援队伍专业素质，切实保障人民群众生命财产安全。

要时刻绷紧“思想弦”。思想认识是防汛救灾工作的第一道“堤坝”。面对可能给人民群众生命财产安全带来威胁的无情“洪魔”，最不可或缺的是责任意识，最不可有的是麻痹大意。要清醒认识汛期救灾工作严峻形势，充分认识应急管理工作面临的前所未有的挑战，常备战时思想。要从最不利情况出发，时刻保持战备状态，按照最大的灾情、最多的战线、最复杂的态势去做最全面、最周全的准备，抓紧练兵备战、提升救援能力，确保安全顺利完成各项救援任务。要强化值班值守，保证汛情信息快速、准确传递，确保发生险情第一时间反应、第一时间处置、第一时间救援。要深入推进安全宣传“五进”，增强群众应急意识和自救互救能力，全面提升应急处置水平。一言蔽之，面对当前汛期严峻形势，必须把事情往最严重的想，准备工作往最扎实的做，只要多一点思想准备，就少一些措手不及；多一些措施保障，就多一分救援的胜算。

要织密建强“保障网”。顺天时，量地利，则用力少而成功多。要加强应急预案管理，有针对性地设置健全应急救援预案，落实各环节责任和措施，才能在第一时间做到人尽其责、物尽其用；要做好安全评估，充分考虑灾情变化带来的动态风险，全面评估灾情风险和自身救援能力，制定救援方案、紧急避险方案，安全、科学、灵活施救；要制定救援策略，在应急救援行动展开之前，做到情况不明先侦察、气象不利先等待、地形不利先规避，设立紧急事故应变处置小组，确保救援人员安全；要根据各类救援队伍自身职业特点和应急救援行动主要职能，备齐备足各种应急物资，合理分配各类救援装备，随时检查应急设备，确保一旦发生险情能靠得前、用得上；要有效加强救援人员个人安全防护，保证救援现场建立前指和后指的通信保障，确保应急救援行动展开顺利和安全可控。

要锤炼锻造战斗力。言武备者，练为最要。要强化抢险救灾演练，及时发现漏洞和隐患，调整应急处置的方法、思路。一旦灾情发生，就能有条不紊进行处理，从而减少灾害带来的损失。要规范指挥调度，严格按照《国家综合性消防救援力量调动审批办法》报批，严格按权限调动队伍；要规范指挥格局，按照属地主责、分级负责、层级响应的原则，在各市（州）、县各类指挥部的指挥框架下，履行应急救援职责；要规范现场救援，及时向同级政府报告灾害情况，设立应急救援现场指挥部，组织制定并实施突发事件应急救援方案，协调、指挥有关单位和个人参加现场应急救援；要注重实战实训，根据本地区年度雨水预报的情况，结合实际细化演练程序、步骤，忽略“演”的部分，将重点放在险情处置措施、操作步骤，以提升能力为目的，从涉水游泳、现场急救、冲锋舟驾驶等基本技能开始学习熟悉，让每个人都能掌握各项要领和技能。只有这样才能真正做到“平时多流汗，战时少流血”，也只有这样才能使救灾抢险人员技能全面、分工明确、处置精确。

要拧紧盯牢“安全阀”。明者见危于无形，智者见祸于未萌。随着汛期来临，安全生产的各类风险成倍增加。各地各单位要进一步强化红线意识、责任意识和风险意识，突出关键环节、要害部位深入开展风险隐患排查；要聚焦重点地区、重点部位、重点工程，开展拉网式隐患排查，特别是对危化品、非煤矿山、煤矿等重点行业企业进行“全面体检”和“对症治疗”，有效防范各类自然灾害引发次生生产安全事故；要加大安全生产监管执法力度，督促企业切实落实安全生产主体责任，强化各项安全防范措施；要按照“汛期不过、检查不停、整改不止”的要求，加强常态化排查和巡查制度，市县（区）联动、部门间协同建立两级分类清单，确保不留盲点空白，坚决避免发生重大险情。

防患未然方能行稳致远。全省汛情仍在发展，严峻的考验或许还在后头，我们要把难度变成事业高度，把风险分析透，把困难估计足，时时提防、处处谋划、刻刻警醒，立足“防大汛、抢大险、救大灾”，有力、有序、有效、安全组织抢险救援工作，确保人民群众生命财产安全、社会大局和谐稳定。

（2020 年 6 月 23 日　胡嘉岩　人民网四川频道转载）

再谈“宁听骂声不听哭声”

当前正值主汛期和高温期，应急管理部门是两条线作战，防汛救灾和安全生产双重压力叠加。面对事关人民群众生命安全的大事，必须将“人民至上、生命至上”理念贯穿始终，充分认识现在形势的严峻复杂性，以零伤亡作为追求的目标严阵以待，以“宁听骂声不听哭声”的担当应对风险隐患之“万变”。

人民至重，有贵千金。没有什么比生命更宝贵，没有什么比安全更重要，“离开了人的安全，一切就都归零”。坚持“人民至上、生命至上”理念，就要有每天都坐在火山口上的警觉；以零伤亡作为追求的目标，就不容有任何疏忽。不能身子进了新时代，思想还停留在过去，看问题、作决策、推动工作还是老观念、老套路、老办法。要将“人民至上、生命至上”理念贯穿每一个决策、每一个工作、每一项任务，尽最大努力保障人民群众生命财产安全。“惟仁人君子豪杰之士，为能出身为天下犯大难，以求成大功。”应急管理部门是同老百姓贴得最近、联系最紧的部门之一，救民于水火、助民于危难、给人民以力量，永远是我们每一次出征的意义和价值。人民安全永远是我们工作的首要目标，无论多么不被理解，无论千难万难，都要千方百计守护人民平安。

不虑于微，始成大患。“天下之患，最不可为者，名为治平无事，而其实有不测之忧。坐观其变，而不为之所，则恐至于不可救；起而强为之，则天下狃于治平之安，而不吾信。”关系群众安危的任何一个环节都关乎全局，容不得半点差池，容不得明哲保身。风险挑战不会因为逃避退让而自动消失，只有主动作为才能有效化解。千里之堤，溃于蚁穴。“排险除患”是防范化解风险的重要一环。要坚持查不出隐患就是最大的隐患，坚决把风险控制在隐患形成之前、把隐患消除在事故发生之前。隐患排查要到每一个车间、每一个岗位、每一个环节，自然灾害预警信息要到村到户到人。坚持排查常态化，不留隐患、不留死角，才能实现险情早发现、早处理。要像巡视整改一样，对排查出的隐患要建立台账，限时整改，做到隐患排查一处，整改措施落实一处。“宁听骂声不听哭声”，一旦排查出危险隐患，该停课的要停课，该停运的要停运，该关闭的要关闭，该转移的要转移，临机处置、果断决策、争分夺秒，以最坚决的态度和最快的速度转移群众，真正做到“促一方发展、守一方平安”。

宁可备而不用，不可用时无备。“天有不测风云。”要把形势估计得更糟一些，把风险预计得更大一些，把困难考虑得更多一些，持续做好应对准备，完善应急预案，加强救援演练。“宁听骂声不听哭声”，就要坚持严管和重处相结合，加强执法检查、明查暗访，全线出击、全场紧逼，严厉打击安全生产非法违法行为；要坚持预防预备和应急处突相结合，做好预案准备、队伍准备和物资准备，以万全准备之“不变”应风险隐患之“万变”；坚持专业监测和群测群防相结合，加强对重点部位的监测防御，强化信息互通、资源整合，提升综合应对能力。

基础不牢地动山摇。基层应急战线是和群众接触最直接、最密切的人，应急处置第一响应者、突发事件第一处置者，至关重要。文件代替不了现场指导，会议代替不了一线帮助，口号代替不了落实责任。各级要切实防止官僚主义、形式主义，做好“向下扎根”的工作，双脚深踏在基层“深耕细作”，把救援指导、救灾物资、救援队伍触角延伸到基层、下沉到一线，时时刻刻强基层打基础。

（2020 年 7 月 20 日　胡嘉岩　人民网四川频道转载）

安全生产不能好了伤疤忘了痛

在全社会对安全事故容忍度越来越低，在人民群众对安全需求越来越高的今天，一些地方、一些行业屡屡用鲜血甚至生命敲响安全警钟。智者以别人的教训避免事故，愚者以自己的鲜血换取教训。邻人失火，自查炉灶。他人“亡羊”我“补牢”。要强化“人民至上、生命至上”理念，把别人的事故当成自己的事故看，举一反三，警钟长鸣，用其所吃之“堑”来长己之“智”，运用大概率思维应对小概率事件，推动安全水平本质提升。

绳短不能汲深井，浅水难以负大舟。思想是行动的先导，认识到位才会行动自觉。“人民至上、生命至上”，一直是念兹在兹的主题。然而，到目前为止，仍然有一些地方存在“身子进入了新时代，脑子还停留在过去时”的现象，思维模式与安全发展新的理念不相适应，更没有把零伤亡这一要求扎根内心，甚至有的地方把安全生产视作无关痛痒的事。马克思说过，思想一旦离开利益，就会使自己出丑。随着安全生产专项整治三年行动计划的深入推进，更新观念、解放思想已不仅仅是思路问题，更要面对现实的利益博弈。“脑子一固定，就很危险。”必须下大力转变发展观、政绩观，如对自己有利的就推行，“割自己肉的”就反对，那就仍然走不出惯性思维和路径依赖的束缚与羁绊。当务之急，各级要深入分析、查找并破除与新时代发展不相适应的陈旧观念和传统思维定式，时刻把人民生命安全放在第一位，真正把“人民至上、生命至上”的理念扎根在脑子里、熔铸到灵魂深处、落实在行动上。

意莫高于爱民，行莫厚于乐民。心系民生冷暖、胸怀万家忧乐，让老百姓过上好日子一直是我们一切工作的出发点和落脚点。平安是老百姓解决温饱后的第一需求，事关人民群众根本利益，是极重要的民生，也是最基本的发展环境。随着经济社会的发展，人们对自身安全感的需求日益增长，人民群众对安全的理解、期盼也在不断增长。但是，与之相对的是我们安全生产水平离人民的期待还有很大差距。时刻站在人民的立场想问题做事情，才能让人民与党同心同德、同向同行，凝聚形成磅礴且绵长的伟力。我们要把每名群众都当作家人，把他们的安全作为自己牵肠挂肚的事情认真思考，始终将保障人民群众生命财产安全作为前行的巨大动力，让安全管理建立在全民共建共享的基础之上，让政府监管与立法司法、企业自律、媒体监督、公众参与等良性互补、合理互动，形成覆盖面更广的新型安全管理模式，让各项风险防控措施更加有力有序有效，才能切实增强人民群众安全感。

明者因时而变，智者顺时而谋。众所周知，新时代我国经济发展的基本特征，是经济从高速增长阶段转向高质量发展阶段。进入新时代，如果还是以老眼光看新矛盾，以老办法解决新问题，其结果不是不对路子，就是事与愿违，甚至南辕北辙。然而有的地方有的同志却置若罔闻，没有深刻认识到安全生产正是实现高质量发展的题中应有之义，不去积极适应高质量发展对安全生产工作提出的新标准、新要求和新模式。职是之故，迫切需要一场观念的变革，没有思想上的“破冰”，“破局”就无从谈起。唯有将安全理念贯穿生产全过程，使安全意识成为全民共识，人民群众才能安心放心，经济发展才能高质高效，社会才能安定和谐。如果盲目追求速度，对安全隐患心存侥幸，就可能欲速则不达，最终因为安全不达标而贻误发展机会。

有德之人，厄穷不塞。人无信不立，企业和企业家更是如此。只有真诚回报社会、切实履行社会责任的企业家，才能真正得到社会认可，才是符合时代要求的企业家。安全生产的社会责任，不是高不可攀的道德要求，而是自身发展的一条底线，是企业须臾不能忘的基本责任。但在现实中，一些企业安全生产完全跟经营效益挂钩，业绩好了抓一抓、经营差了放一放；有的心口不一，说起安全头头是道，抓起来却没有章法；

有的搞“难易有别”，对刷刷标语、喊喊口号等难度小、花钱少的事愿意抓，对消除隐患、改进工艺等难度大、投入多的活不愿干。这些现象无不反映出企业负责人安全生产法律意识和社会责任意识的淡薄。“与天下同利者，天下持之；擅天下之利者，天下谋之。”任何企业存在于社会之中，都是社会的企业。安全生产是社会责任中的核心责任，企业在创造利润、对股东利益负责的同时，也要承担对员工、社会的安全责任。只有把安全理念深深注入企业的基因里，使之生动而有活力，才能保证企业自身有更强的生命力、更远的未来。

（2020 年 9 月 11 日　刘洋　《华西都市报》刊载）

要去基层一线解决问题

基础不牢，地动山摇。基层应急管理是国家治理体系和治理能力的重要组成部分，是成功处置自然灾害和有效防范事故灾难的前锋队伍，是全省应急管理体系高效运作的基础单元，是应急处理的末端，也是防范化解社会风险的前哨。这个前哨作用发挥如何，直接影响整个治理体系的成效。

我省地域辽阔，地形地貌复杂，地震、洪涝、地质灾害多发易发，是全国洪涝灾害、地质灾害、地震灾害和森林火灾等自然灾害重点防控区域和重点省份，重化工等高危行业（领域）在工业中所占比重大，煤矿矿井小、条件差、隐患多，安全风险防范形势仍然复杂严峻。各乡镇人口多、面积广、居住分散、自然环境恶劣、交通通信落后、留守人口羸弱，应急管理末端风险高。

看似寻常事，危害亦早知。当前基层应急管理是治理的关键环节，也是薄弱环节。许多地方无人员无手段，不具备风险社会知识、不掌握风险识别手段，往往认识不到风险的存在。现实中，一些灾多灾频、迫切需要常年战备救援的地方，无论是乡镇还是街道往往还没有应急管理部门；一些地方遇到突发事件，指挥机制理不顺、部门职责理不清；还有的地方在灾害应对上捉襟见肘，常常有力不会使、使不出甚至使错地方。如何抓住当前乡镇街道改革机遇，织密织细基层应急管理之网，防范制度性风险叠加，成为基层风险治理迫切需要解决的问题。只有从制度上完善，补短板、强弱项，才能有效应对各种新问题新挑战，筑牢维护安全的第一道防线。

秉纲而目自张，执本而末自从。建强基层应急能力，需要在思想认识上下功夫。要站在“以人民为中心”的高度，坚持生命重于泰山，生命至上、安全第一，恪守“为人民服务”的宗旨，从全周期、跨地域、跨层级、跨领域的复合角度理解风险内涵，加强乡、村等基层应急体系和应急能力现代化建设。要以新的理念和思路研究“优化资源配置、提升发展质量、增强服务能力、提高治理效能”的实现方式，倡导用信息化手段提升基层应急服务、用区域性布局促进应急资源集约、用群众性参与提升应急能力，促进基层应急机构职能“扁平化”、服务“片区化”、人员“专业化”，加快释放镇村改革在顺向调整优化、降低行政成本、促进资源整合等方面的改革红利。要正确处理市县级和镇街的上下级关系，打破“职责同构”旧有模式，减少或者杜绝“都管又都不管”“有责任就往下推”等现象。要按照“八爪鱼”模式，实施统一领导、分级处置，在上级指导下级业务的前提下，明确各自管理范围，建立各自的监管清单，各级管各级的事情。

一语不能践，万卷徒空虚。要主动作为，以等不得慢不得拖不得的责任感和紧迫感努力推动乡镇应急能力建设。要坚决防止消极被动，或是畏难退缩，抱着“等、靠、要”的思想不放，张口要政策，伸手要条件；或是守株待兔，寄希望于“天上掉馅饼”，等着别人制定文件、安排后续，杜绝基层应急能力在等靠要的循环中不断弱化。要紧密结合实际，抓住改革机遇，制定落实方案，分解目标任务，明晰操作路径，创新思路举措。对于基层而言，大而化之地进行制度设计，无法应对风险社会中精细化治理的要求。要建立起风险治理的“铜墙铁壁”，基层更需要下“绣花功夫”。每个乡镇有每个乡镇的实情，建强基层应急能力，需要在落实领导责任上下功夫，将责任层层压实，直至最基层最末端。要推动乡镇一级担负起应急管理的领导责任，开展以有班子、有机制、有预案、有队伍、有物资、有培训演练等为主要内容的基层应急能力标准化建设。要增加应急管理工作经费，实施安全生产和自然灾害治理工程，保障应急救援车辆、设备、物资，做到“有急能应”；增强应急管理队伍职业荣誉感和吸引力，加大待遇保障，做到有人可用；要鼓励企业和社会组织直接参与应急管理工作，形成政府、市场、社会的“共赢”“多赢”机制，整合各方资源，持续提升应急管理能力。

欲筑室者，先治其基。基层应急当务之急是提升资源整合与协同配合等方面能力，把多元力量拧成一股绳，不断拓展和强化风险治理能力链条。基层应急能力建设是一场“大合唱”，涉及多个部门、方方面面，需要各地各部门、各行业主管部门紧密协作、相互配合。而一些地方片面地认为基层应急能力建设是应急管理部门的事，习惯捂着自己的“钱袋子”、护着自己的“官帽子”，殊不知一拳难敌四掌，灾害一来少不了被“群殴”。要积极整合各方面资金、力量，探索按区域将地质灾害监测员、护林员、灾害信息统计员等多员整合为网格员模式，提高人员待遇，增强责任意识，实现城乡安全监管执法和综合治理网格化、一体化。要因地制宜、分类指导，综合考虑功能定位、人口规模、服务半径等，对现有机构职能统筹规划、科学设计、有机整合，优化人员配置，重心下移、力量下沉、保障下倾，改变过去“事多人少”“官多兵少”的局面。

路阻且长，行则将至。过了这个村，就没有这个店。各地必须“实”字当先，脚踏实地，真抓实干，打破常规，争取主动，努力实现顶层设计与“最后一公里”落实的融会贯通，加速推动我省应急管理体系和能力现代化建设进程。

（2020 年 10 月 15 日　谭晶）

不专业就会常常“打脸”

当前，全省安全形势总体稳定，但安全生产基础性、源头性、瓶颈性问题依然突出。天涯地角无禁利，企业逐利是天性。大部分企业认为安全只有投入没有产出，普遍是被动进行安全管理工作，未真正树立安全发展理念、落实安全主体责任，甚至为了节约时间、人力、资金成本，让非专业人员负责和管理安全工作，本质安全水平低，风险处于高位、事故易发多发。一些地方和部门仍然存在风险研判不足、源头风险管控不到位、项目安全准入把关不严和“重发展轻安全”“先上车后补票”等问题。一些地方安全检查不太专业，多数是走马观花，仅能发现一些皮毛问题，难以排除重大安全隐患。虽然安全生产检查的频次越来越高，但仅限于完成上级要求的检查任务，只注重检查过程，忽视后续的整改跟踪落实。基层行政执法专业化不够，安全监管执法人员缺乏专业知识，执法往往不够规范，特别是基层执法人员工作对象往往会面对亲人、熟人，极可能产生执法不严、标准不一、人情执法等问题，损伤执法公信力。基层由于人少事多，一般都做不到长期性、经常性执法，只在问题突出或领导重视时才搞突击执法检查，加之落实行刑衔接措施和力度不够，不能形成有效震慑。于是乎，一些企业多次受到处罚还屡屡发生事故；一些事故重调查轻整改、重罚款轻刑罚，以致事故调查报告提出的整改措施被束之高阁；一些地方不断安排部署、排查隐患、执法检查，该强调的都强调了，该要求的都要求了，该检查的都检查了，该总结的教训都总结了，该追究的责任都追究了，效果却是一笔糊涂账。

从历史上看，第四季度历来是安全生产事故的多发季节，必须高度重视。冬季气候寒冷，是易燃易爆物品使用的高峰期，火险隐患亦随之增加，易发生火灾、爆炸等安全事故；气温骤降，机械设备冻裂事故常有发生；雪雾、大风、冰冻恶劣天气，对企业作业安全是极大考验；临近岁末，各地赶工期、赶进度容易出现麻痹思想、放松安全监管，给安全生产带来不利影响。

“世上无难事，只要肯登攀。”安全生产问题的难点带有普遍性，但任何事物都有其规律。唯有运用那些具体、妥帖的方式，以刚性与灵活完美结合在一起的制度才是管用的制度。近期将举行全省安全生产清单制管理工作培训班，各地各部门要深入实行安全生产清单制管理，结合自身实际积极探索推进用清单制管理全面压实责任、管控重大风险、提高监管效能，破解当前安全生产难题。

工欲善其事，必先利其器。要以安全生产清单制为抓手，梳理各行业各部门清单制、标准化、流程化的隐患排查和安全检查标准，如检查项目清单、检查程序清单等，让带队检查的领导、工作人员以及专家明确知晓检查的主体、内容、程序等；要以清单制明确权责问题，不仅要重检查，更要重后续整改落实情况，建立整改落实清单，促使整改落地落实；要以“四不两直”的方式加强检查效能，更加精准掌握和了解企业真实的安全管理水平，对落实安全责任较好的企业在执法检查、政策资金、评优树先方面给予激励，对安全责任不落实要强化检查、强化执法、强化整改，促使企业重视检查以及自发开展安全隐患排查。

安全生产执法质量是安全工作的生命线。执法不力，不是制度不硬，而是执法走样或异化。破解执法力度薄弱的难题，需要安全闭环管理制度。要编制专项执法检查清单、企业重点事项检查清单、企业安全生产根源性问题清单，探索实行“清单式”监管执法；要积极贯彻落实《四川省安全生产行政执法与刑事司法衔接工作办法》，将该办法与清单制管理相结合，固化成安全生产行刑衔接的判定、移送、结果清单，实现明确依据、照单执行；梳理并建立法律法规、监管技能培训清单，逐项对相关人员开展业务知识及能力培训，明确职责和操作流程，提升执法水平；创新执法检查手段，将安全生产执法检查公开化、透明化，采取带着专家查、带着执法人员查、带着媒体记者查的“三带”方式，组建专家团队，制定安全生产执法后果清单，建立监督机制，使相关部门、群众、媒体等参与和监督安全生产行政执法工作，避免执法走样。

企业是安全生产的责任主体，生产现场是安全生产的落脚点，一线员工是安全生产的关键。只有把责任人的安全甚至是生命与生产安全紧密拴在一起，责任人才会竭尽全力。一个职工空谈是对自己、对工友不负责，一个领导空谈就是置整个企业和全体员工于险境。企业要真正守牢安全生产的底线、红线，强化底线思维，以自我革命的精神，把思想上的重视转化为行动上的落实，真正在安全生产工作中做到安全第一，聘请专业人员负责和管理安全工作；充分运用清单制管理，建立责任清单、操作规程清单等，让安全制度进班组、进岗位，让安全操作简便化、安全学习全员化、安全管控标准化、安全整改闭环化；要让企业主要负责人、技术人员、一线员工共同按清单辨识风险，制定奖惩清单，实施奖惩制度，对讲程序、守规矩的安全操作方式给予奖励，对未按程序危险操作方式严惩不贷。

（2020 年 11 月 30 日　胡嘉岩　人民网四川频道转载）

安全生产不能总以生命来警醒

安全是极其重要的民生，也是最基本的发展环境。实现安全发展，是我省融入新发展格局的内在要求，也是全面建设社会主义现代化四川必须守住的重要底线。但在某些人看来，死几个人不算什么，在 GDP 增长的宏大叙事中，付出代价是必然的，甚至是合情合理的。他们上心的是增速，研究的是项目，很少想到安全生产上去。一旦事故发生，各地异口同声地表示要“吸取教训”，但实际上第二天就忘得一干二净。

事前为何不能在发现隐患和漏洞时亡羊补牢、及时止损？企业究竟是怀揣侥幸心理跟风险讨价还价，还是在隐患面前罔顾职工生命？身处煤矿等这样的高危行业，却对安全生产缺乏敬畏之心，轻视法律法规、弃守安全红线，这无异于草菅人命、陷自身于险境。生命大于天，任何人都不能有丝毫理由放松对每个生命的悉心呵护、对绝对安全的不懈追求。

事故是最好的教科书。我们应该深刻汲取事故教训，把预防作为守住底线的最有效办法，坚持预防为主，关口前移，通过举一反三，全面开展隐患排查治理工作。各生产经营单位决不能为追逐利润，出现抢进度、赶工期、超强度、超能力突击生产等不安全的情况。要立刻结合企业自身风险隐患清单进行系统排查，对查出的问题隐患立即整改，有效落实主体责任，提升本质安全水平；各级党委和政府担负着“促一方发展、保一方稳定”的政治责任，必须把“人民至上、生命至上”的理念落实到工作中的各个环节，把安全生产责任扛在肩上、抓在手上，认真落实安全生产的法律法规，牢牢把握安全生产的主动权；各级监管部门作为安全生产监督管理者，要以“四不两直”、明查暗访的形式，深入开展“排险除患”专项执法行动，加强煤矿、非煤矿山、危化品、烟花爆竹等重点行业领域风险排查，严厉打击安全生产非法违法行为，倒逼企业认真落实安全生产主体责任，把事故隐患消除在萌芽状态。

制度是最优的管理员。安全生产事故要防患于未然，必须强化责任制，严格落实规章制度。每一次重大事故的发生都是必然，防患重大事故必须防微杜渐，把问题消灭在萌芽状态，决不能有任何侥幸心理。铁肩膀要担硬责任。各地各部门和企业要进一步强化底线思维和忧患意识，落实好安全生产“党政同责、一岗双责”和“三个必须”要求，把安全生产清单制管理作为夯实责任体系的重要抓手，持续推进安全生产专项整治三年行动计划，让安全生产的各项法规政策、制度规定、职能职责和各行业领域风险底数具体化、清单化，明确事前、事中、事后的全过程安全管控，分阶段、分环节、分领域、分对象对各类隐患风险进行“靶向”聚焦，对可能出现的风险和连锁反应进行多维度有效感知，切实防患于未然，确保责任的全覆盖、无死角。

严处是最佳的警示牌。教育千遍，不如问责一次。安全生产中的任何麻痹大意、失职渎职都会承担相应后果。追究责任从来不是目的，而是警醒对安全生产法律法规保持敬畏心。通过强化责任追究，约束不作为、不担当，从而唤醒安全意识、激发尽责精神，这才是问责的价值指向。只有对事故责任人彻查严办，对失职渎职者加大惩处力度，不留情面地问责党委政府有关责任人，依法让企业为漠视安全生产主体责任付出惨痛代价，做到全场紧逼、全线出击，才能让各地各部门各企业真正汲取血的教训、强化安全意识，也才能使安全红线变成无人敢碰的高压线，让企业负责人敬畏自己的责任与义务，监管部门自觉维护法律法规的权威与尊严，党委政府警醒警示并且真正重视安全生产工作。

安全生产不能总以生命来警醒。各级各部门要铁心布置、铁面检查、铁腕执法，真正把安全生产工作落到实处，把安全隐患消灭在萌芽状态，把安全红线变为人民群众的生命线、保护线，把生产安全事故降到最低，不负广大人民群众的殷殷期待！

（2020 年 12 月 17 日　胡嘉岩）

永久奋斗

应急管理工作一头连着党心、一头连着民心，一头连着社会“安全指数”、一头连着千万家“幸福指数”，只能锐意进取、攻坚克难、主动担当作为。但面对新的职能使命，我们自身能力建设现状与党和人民期盼还有不少差距。应急管理部门全年 365 天、每天 24 小时值守，随时可能面对极端情况和生死考验，一些在重要岗位的同志长期加班，婚恋房贷、照顾家人等方面压力较大；部分地方经费、物资和人员保障跟不上，导致有生力量不足；有的同志面对叠加的风险隐患和频发的自然灾害，出现“本领恐慌”，存在畏难情绪；有的畏首畏尾，左躲右闪，把问题留给后人，不发生事故全靠“运气”，碰到难题就想着法子绕开走，希冀用时间换取生存的空间。面对客观存在的困难和挑战，我们应该明白，前进的征途，不可能顺遂无虞，免不了风萧水寒，必然有坎坷荆棘，必须克服一切艰难险阻，不辜负党和人民的厚望。

治国有常，而利民为本。以人民心为心，与人民同呼吸、共命运、心连心，是党的初心，也是恒心。当前，安全是极重要的民生，是最基本的发展环境。应急管理是救人的队伍，生来为救人，为人民而生、为人民而建、为人民而战。顺应人民对美好生活的向往，保护好人民群众生命财产安全，是新时代应急人的职责和宗旨所在。既然选择了这项事业，就意味着选择了牺牲与奉献，就意味着时刻准备挑重担、上前线、担风险，同时也要能受得了委屈、忍得了劳累、解得了难题。历史的接力棒已经交到我们手里，“天将降大任于斯人也”的时代使命落在我们肩头，唯有不负厚望、永久奋斗。应急管理系统干部职工务必要增强历史使命感，不做“把头埋在土里的鸵鸟”，以坚持不懈的执着、义无反顾的勇气、如履薄冰的谨慎，勇于挑最重的担子、啃最硬的骨头、接最烫手的山芋，在不断叩问初心、坚守使命的过程中，全力保护人民群众生命财产安全。

知难不畏难，绝壁亦可攀。我省地形地貌复杂，灾害多发易发；重点行业领域安全风险防范形势仍然复杂严峻；各乡镇人口多、面积广、居住分散，应急管理末端风险高……养兵千日，用兵千日。面对新的形势任务，“黑天鹅”和“灰犀牛”事件频繁叠加，能否忠实履行党和人民赋予的职责使命，是对我们的现实考验和直接检验。事业越伟大，奋斗越艰辛。在急难险重的现实挑战面前，我们要明白奋斗不只是响亮的口号，而是要在做好每一件小事、完成每一项任务、履行每一项职责中彰显。全国最美基层应急管理工作者——营山县应急管理局局长伍袁志，在最基层的岗位上不断钻研，考取了一个又一个工作相关的专业证书，被大家称为“博士局长”；四川省应急管理厅煤矿抢险排水站工程师法文义，在平凡的岗位上默默奉献，四十余年如一日，对每一台设备构造都烂熟于心，每一次抢险救援都冲锋在前……在安全与发展同属一体之两翼、驱动之双轮的当下，越是风险隐患多，越要时刻保持积极、主动、争先的工作态度，作非凡之为，尽非常之责。以“永久奋斗”的态度、作风，瞄准突出风险和各类隐患不放松，深入破解各类难题，把攻坚克难和久久为功相结合；在面对重大安全风险时，主动防范、勇于化解；在事故灾难面前，挺身而出、逆向前行；在应急救援中，无惧生死、冲锋陷阵，以“功成必定有我”的责任担当常备不懈，一切为了实战、一切服务实战、一切围绕实战，切实提高防大灾、救大险能力，换来老百姓沉甸甸的安全感。

垂大名于万世者，必先行之于纤微之事。新时代是应急人充满机遇的时代，也是勇于担当的时代。党的十九届五中全会指出，要统筹发展和安全，把安全发展贯穿国家发展各领域和全过程，防范和化解影响我国现代化进程的各种风险，保障人民生命安全。省委十一届八次全会强调，实现安全发展，是我省融入新发展格局的内在要求，也是全面建设社会主义现代化四川必须守住的重要底线。历史是连续的，时代是接替的，奋斗也是生生不息的。一次次紧急出动，一次次深入矿井，一次次搏击洪流，一次次穿越火海……伟大的事业，需要千千万万个不平凡的群体、不平凡的人物。每一滴水，都蕴藏着奔腾力量；每一个梦想都会融会进伟大时代。每一个人只要不懈奋斗，即使是在平凡的岗位上，也可以创造出不平凡的成就；平凡的人，也可以活出不平凡的人生。奋斗不能挑拣，只能一味承担、一味实干、一味向前；奋斗不只是响亮的口号，而是要在做好每一件小事、完成每一项任务、履行每一项职责中体现精神；奋斗不在形式，而在于尽心尽力，在不同岗位一点一滴地积累，一分一秒地耕耘。

事如芳草春长在，人似浮云影不留。古往今来，决定人生价值的，从来不是职位的高低，只有奋斗的事业可长留天地间。身处实现中华民族伟大复兴的时代，个人就如同站在巨人的肩膀上，唯有把自己深深嵌入这个国家成长的年轮里，让永久奋斗与国家发展同频共振，方能在奋斗中成小我、利大家，铸就更美好的未来。想要承载起时代赋予我们应急人的伟大使命，就必须将“助民于危难、救民于水火、给人民以力量”作为真正扎根内心的理想信念，“不驰于空想，不骛于虚声”，把自己融入奋进的潮流中，才能更好地实现自己的人生价值；唯有以“踏平坎坷成大道，斗罢艰险又出发”的顽强意志，发挥“不用扬鞭自奋蹄”的内生动力，在风险隐患前主动出击、勇于化解，在完成任务时挺身而出、迎难而上，在救援实战中冲锋陷阵、奋勇当先，才能以最好的姿态成就光荣与梦想。

奋斗的应急人，祝您新年快乐！

（2020 年 12 月 31 日　胡嘉岩）

就地过年，不忘安全

“过年”承载着对团圆的期盼，“家乡”挽系着游子的牵挂。回家过年，是每个中国人心中抹不去的情结。春节期间，群众性活动增多、人容易麻痹大意等“共性特点”，加之低温、雨雪、冰冻等极端天气影响，使今年的安全风险更加突出、形势更加复杂严峻。

安全生产工作没有缓冲期，更没有休整期，时时刻刻都是关键期。结合今年的特殊情况，各地各部门必须把风险思考得更深入一些，深入分析各地、行业领域和重点企业单位安全风险，从上到下健全重大安全风险研判机制，持续加大隐患排查的整治力度，推动企业落实好安全生产主体责任，加强安全生产监测预警和应急协调联动。

越是特殊情况，越不能放松大意。安全监管只能百日紧，不能一日松。各级负有安全生产监管职责的部门要针对春节期间重大安全风险加强执法检查，盯紧盯牢危化品、煤矿、非煤矿山、烟花爆竹、道路交通、建筑施工、商场等重点行业领域和人员密集场所，对违法违规行为依法严处，严防各类事故发生。

岁末年初不是事故的“必发期”，却是“多发期”。我们每个人也都要时刻强化安全意识，注意自身安全。出行前要关注天气变化和路况信息，严守交通规则，不开“斗气车”，不当“路怒族”；在游乐场、商场等人员密集场所的游玩群众相对集中，安全隐患也多，要严格遵守规则，不进入危险区域；居家要注意用火用电用气安全，外出前请关闭燃气阀门，切断非常用电源；到公共场所要注意观察安全出口和疏散通道，牢记疏散方向；严格遵守最严森林、草原防火令，不违规野外用火，不携带火源、易燃易爆品进入林区，防止发生森林草原火灾。

此心安处是吾乡。在这个特殊时期，容不得丝毫麻痹、任何疏漏。我们要守护好安全生产的防线，确保大家在过年期间不仅能“留下来”，还能“过得好”，让人民群众过上一个平安祥和的中国年！

祝愿大家新春快乐！

（2021 年 2 月 10 日　胡嘉岩　澎湃新闻转载）

重在抓落实，不要忙虚活

安全是极其重要的民生，也是最基本的发展环境。实现安全发展，是我省融入新发展格局的内在要求，也是全面建设社会主义现代化四川必须守住的重要底线。全省应急管理工作会议从四个方面细化了全年工作安排。一分部署，九分落实。目标任务已经明确，现在最重要的就是明确任务、落实责任，抓好贯彻落实。

抓落实既是老话题，也是必须解决的一个现实问题，既是领导工作的基本方法，也是践行党的思想路线和群众路线的根本要求，是对各级领导干部思想素质和执政能力的重要检验，直接体现党性修养强不强，直接检视为民情怀深不深，直接反映工作作风实不实。安全生产事关人民群众生命财产安全，事关经济社会发展稳定大局。各级党员干部特别是应急系统的干部必须站在对党和人民事业负责的高度，始终把抓落实作为检验履职尽责的根本标尺，以刻不容缓的紧迫感，一竿子插到底抓落实，把安全责任落实到最小工作单元。

托之空言，莫如见之实行。抓而不紧，等于不抓；抓而不实，等于白抓。但一些地方树牢安全理念上还存在“上热下冷”，“党政同责、一岗双责、失职追责”和“管行业必须管安全”等，“三个必须”落实还有偏差；一些地方安全风险防控意识不强，安全生产清单制管理工作推进缓慢；一些地方个别领域隐患总量依然较大，整改率不高；一些企业主体责任不落实，隐患整改久拖不改，甚至弄虚作假。对这些问题，各地不能讳疾忌医，不能叶公好龙，要一项一项地研究分析，一个一个地推动解决，找出症结所在、对准症结下药。要像抓工程项目那样，列清单，排工期，抓进度，分区分时精准管控。要以“四不两直”、明查暗访形式，直插一线执法检查，抓要害，抓彻底。

官僚主义累死人，形式主义害死人。抓安全生产工作落实来不得花拳绣腿，不能光喊口号、不抓落实，不做哗众取宠、只求轰动效应的事情，不开不解决问题的会议，不发不解决问题的文件。有些地方看上去袖子撸起来了，身子也扑下去了，开过会、发过文、作过批示、分过组就算干完工作，看似作为，其实在忙虚活。要一步一步地展开，一项一项地分解，一件一件地落实，不能满足会议开过了，文件发过了，嘴上讲过了，一切工作必须往深里做、往实里做，必须落到实处。要把嘴上说的、纸上写的变为具体干，把贴在墙上、印在纸上的制度变为行动自觉才是真落实。

善除害者察其本，善理疾者绝其源。实干并非不讲效率地傻干，而是抓住应急管理工作的主要矛盾和矛盾的主要方面，分清轻重缓急，突出工作重点，明确主攻方向，理清清单隐患，让安全生产工作既“打得准”又“拿得下”；实干也不是不求方法地蛮干，而是要“上观天气，下接地气”，既做好与工作实际结合的大文章，又努力在结合中找规律、谋思路、出成效。实干既是一种工作态度和人生哲学，也是一门必须认真对待的“必修课”，更是践行初心使命和“两个维护”的切实体现，学好了，抓好了，修好了，才能干出个样子，才能真正把人民群众生命和财产守好、守实、守出新成效。

坚持落实才能出成绩，长期执行才能见成效。抓实安全生产，反对官僚主义、形式主义，很多时候不是轻轻松松就能完成的，没有狠抓落实的担当，缺乏迎难而上的勇气，就很难把具有挑战性的工作推进下去。现实中“安全意识淡薄，安全监管不力、防范措施不严”的情形也不是一日而成，犹如疥疮之于肿瘤、白蚁之于溃堤，非一日之事，乃长期讳疾忌医，终究遗患无穷。无数事实也证明，安全事故的发生是长年累月而成，小隐患引发大事故，酿成大悲剧。安全系着血和泪，安全大堤的夯实，靠的是几十年如一日的踏踏实实，经年累月的一丝不苟，就如下刀见菜，板上钉钉。对各级领导干部来说，就是要把安全生产放在很重要的位置，锲而不舍地盯着，不遗余力地抓着，哪怕一周挤出半小时研究，一月跑几次基层，只要坚持下去，必定会积少成多、积沙成塔，积跬步以至千里，防患于未然，把隐患消灭于萌芽之时、成灾之前。

志之所趋，无远弗届，穷山距海，不能限也。安全生产只有起点，没有终点；只有底线，没有高线。各级各部门要发扬斗争精神，提高斗争本领，敢于斗争，善于斗争，用汗水浇灌收获，以实干笃定前行，在保护人民生命财产安全上勇做战士、敢当战士，决不当绅士，在挑战中锻造淬火的道路，有效应对各类风险挑战，为现代化建设筑牢安全保障。

（2021 年 3 月 1 日　胡嘉岩）

与侥幸麻痹斗争到底

一点星星火，可毁万亩林。森林草原火灾一旦发生，轻则烧毁林草、危害野生动物，重则造成水土流失，破坏生态环境，引发泥石流等次生灾难，甚至威胁人民群众生命财产安全。

受气候条件、物候条件等的叠加影响，今年全省高火险时段较往年偏长，森林草原防火形势十分严峻。全省森林草原防灭火工作已经到“滚石上山、爬坡上坎”的关键阶段，需要进一步增强打赢森林草原防灭火翻身仗的思想自觉和行动自觉，需要拿出“会当凌绝顶”的斗志，需要进入高度戒备状态，需要时刻绷紧防火这根弦，决不能有半点侥幸麻痹和畏难厌战情绪。

以“万无一失”防范“一失万无”。当前，已进入森林草原防灭火工作关键期，无论是最难啃的骨头，还是最难打的战役，重中之重在于把责任落细落实到最小工作单元。森林草原防灭火工作必须将触角延伸到基层，实现人头、田头、源头的管控，需要精心编织“地、空、天”立体网，需要基层一线充分组织群众、依靠群众，无死角、无漏洞、无盲点进行全方位严防死守。只有这样，最严防火令才能变成最强防火“隔离墙”，高位推动、末端发力、群防群治、终端见效、工作长效机制才会落地生根。各地要尽职尽责，严格落实属地责任，履行包保职责，做好节假日和农事用火高峰季节等重点时段的管控巡查，及时排除风险隐患点；要创新方式方法加大对入山车辆和人员的检查力度，严格值班值守，守住防灭火“第一道防线”；坚持群专结合、联防联控，推广运用新技术，落实十户联保、村民挂牌轮流值班和巡山护林员等制度，管好自己的“责任田”，守好自己的“自留地”，织好自我保护“安全网”，做到重点区域严防死守、高危时段无懈可击。

事必有法，然后可成。森林草原防灭火工作的重点在于把着火隐患点消灭在萌芽之时、成灾之前。从前段时间一些地方发生的森林草原火灾来看，究其根本还是个别地方在防灭火宣传教育普及、隐患排查整治、终端见效工作机制落实等方面仍然存在一些短板和不足，导致“火焰四起”“烟花乱飞”。如果把短板和隐患点都及时弥补和消除，那防火也就事半功倍了。否则，修再好的基础设施、建再多的瞭望塔，都只能是头痛医头脚痛医脚，治标不治本，轻则贻误病机，重则重蹈覆辙、伤筋动骨。要织密防控网络，推动市县乡村四级干部包户责任制逐级压实、直达农户，严格执行24小时值班值守和火情核查制度，确保火情一旦发生，第一时间处置和报告。要把全面加强隐患排查作为基本着力点，在野外用火管控、林牧区输配电设施隐患排查整治、重要目标和设施火灾风险隐患排查治理上下功夫，强化监测预警，完善信息传达、确认、发布机制，逐村逐户摸排、逐人逐项解决，坚决做到封住山、看住人、管住火，防患于未然。

森林防火，人人有责，重任如泰山，防患未然应成常态，防火意识不容懈怠。据统计，90%以上的森林草原火灾是人为引发的。抓实森林草原防灭火的关键在于管住人，而管住人的关键在于提升群众的防火意识，知其不可为，明确造成火灾将受法律严惩。一旦发现火情，即重拳出击，该负担扑救费用的负担费用，该罚款的罚款，该处分的处分，该追究刑事责任的坚决追究刑事责任。要对查处的典型案件及时公开曝光，用身边的教训教育身边的人，让更多人清楚违法带来的风险，从而不会盲目以身试法，不会轻易逾越红线。只有这样才能让群众心有所畏、行有所止。否则，火险就会无知无畏、随心所欲，“祸根”就会变相“留下”，“苦果”也终将“自食”，追悔莫及，悔之晚矣。

森林防火，不容半点马虎，不容一丝懈怠，须有备无患，须警钟长鸣。一个小小疏忽，一个不经意间的行动，就可能毁一片林，毁一座山，毁掉一个生命，毁掉一个家庭。森林防火，应成为大家的共同意识和自觉行为，牢记心中。要引导群众移风易俗、改变传统用火习惯，形成“进山不带火，带火不进山”的社会氛围。否则，就会成为牛皮癣，久治不愈、反复发作，成为威胁生命财产安全的“定时炸弹”，一旦“爆炸”，损失惨重。各地要用好人民战争这个“法宝”，在宣传教育上持续用力，在内容设计上“量体裁衣”，在宣传形式上因地制宜，把防火知识“唱出来”“演出来”“展出来”，以通俗的“家乡话”解读“文件语”，让防火知识“飞入寻常百姓家”，养成“上山不带火、带火不上山”的行为自觉，养成文明用火、文明祭祀的良好习惯，形成全民防火、全民监督、全民践行的良好氛围。

（2021 年 3 月 26 日　胡嘉岩）

森林草原防火没有终点，打赢翻身仗贵在坚持

无人机喊话、摩托车巡山、直升机灭火、24 小时有人值守的防火哨卡、密林中蜿蜒而上的防火通道、形式多样的扑灭火应急演练……通过“人防”“物防”“技防”等各项举措，一张张密集的“防火网”在川蜀大地特别是“三州一市”森林草原防火重点区域有序织就。经过全省上下的努力，四川森林草原防灭火工作取得一定成效。

行百里者半九十。进入关键阶段，气可鼓不可泄，必须一鼓作气，咬紧牙关，坚持到底，扛得住，守得住，不能前功尽弃。越是在这个时候，越是要保持头脑清醒，越是要慎终如始，越是要再接再厉、善作善成，继续把森林草原防灭火作为当前头等大事和最重要的工作，不麻痹、不厌战、不松劲，毫不放松抓紧抓实抓细各项防控工作。

森林防火没有终点，打赢翻身仗贵在坚持。无论是二万五

千里长征的奇迹，抑或艰苦卓绝十四年抗战的胜利，还是几代航天人接续奋斗的探月工程的成功，其精神内核都与坚持有密切的联系。森林草原防灭火工作同样也是一场持久战，是一场关乎人民群众生命财产安全和生态安全的持久战，我们没有理由有丝毫懈怠和放松，必须坚持坚持再坚持，坚持就是胜利。

“天下之事，不难于立法，而难于法之必行。”政策措施的生命线只能是“落实到位”。与出台政策措施相比，落实政策措施这条“腿”迈出的步伐更需坚持、坚实、有力。打赢森林草原防灭火攻坚战，必须毫不动摇落实中央、省委决策部署，必须进一步完善好的方针、好的政策，必须继续坚持好的经验、好的做法。要继续坚持落实森林草原防灭火“高位推动、末端发力、群防群治、终端见效、工作长效”机制，落实好“三张清单”加“一项承诺书”制度，进一步落实责任清单、任务清单、督查清单和承诺制度，把风险和损失控制在最小范围，把责任落实到最小工作单元；要继续坚持落实分区分级抓好森林草原火险精准防控，各地结合实际细化举措，推动各项防控要求落到实处，做到重点区域严防死守、高危时段无懈可击；要坚持发挥“十户联保”和广大护林员作用，引导群众移风易俗、改变传统用火习惯，着力营造全民防火、全民监督、全民践行的良好氛围。

“一篙松劲退千寻。”坚持就是胜利，曙光就在前方。只要我们坚定必胜信念，以“咬定青山不放松”的韧劲、“不破楼兰终不还”的拼劲，继续攻坚克难、顽强奋战，就一定能打赢森林草原防灭火的攻坚战和翻身仗。

（2021 年 4 月 16 日　胡嘉岩）

与其亡羊补牢　不如防患未然

防灾求得平安在，减灾换得幸福来。国泰民安是我们最普遍的愿望，安全是我们最基本的生存保证。今年 5 月 12 日是第 13 个“全国防灾减灾日”，这个特殊纪念日旨在警醒大家，灾难的发生是无法完全避免的，只有更加重视防灾减灾，努力减少灾难发生。

人类对自然规律的认知没有止境，防灾减灾、抗灾救灾是人类生存发展的永恒课题。由于灾害具有不确定性、突发性的特征，平时开展防灾减灾工作也并不能看到“立竿见影”的成效，部分干部群众因此放松了警惕，思想上不够重视。有的地方对极端气候和极端灾害常态化的认识还不够到位；有的地方战略性深度协同联动的体制机制还未完全形成，部门、区域、上下间协同联动不足、衔接不够有力；有的地方应急预案“精”“专”突出不够，演练实战性不强，队伍统筹力度不足，缺乏专业技术支撑；有的地方整体抵御大灾巨灾的能力还不够，大功率排涝设备、重型救援船只、应急通信设备等装备设备缺乏，难以满足极端灾害应对需求。四川灾害种类多、分布地域广、发生频率高、造成损失重，“5・12”汶川地震、“4・20”芦山强烈地震、“8・18”乐山特大洪灾、“8・20”汶川特大山洪泥石流等自然灾害，给我们带来的灾难还历历在目。面对我省严峻复杂的自然灾害形势，必须防患于未然，牢固树立“人民至上、生命至上”理念；面对随时突如其来的灾难，我们唯有增强安全忧患意识，时刻保持警惕，提高防灾减灾的能力。

备豫不虞，为国常道。未雨绸缪永远比亡羊补牢更有现实意义。在猝不及防的灾害面前，人类的生命是脆弱的，我们只有时时预防，主动防范加以有效应对。从灾害萌芽阶段就及时预防避免，既能从发生之初就减少损失伤害，也能增强后续抗灾救灾能力，最大限度保护人民群众和整个社会的安全。因此，各地各部门需要更加深刻地认识防灾减灾在应对重大风险挑战中的重要性关键性作用，在思想上强化风险意识和责任意识，科学预见形势发展走势和隐藏其中的风险挑战，善于在实践中提高风险化解能力，切实做到守土有责、守土尽责。特别面对人力难以控制的重大自然灾害，唯有坚持预防为先、未雨绸缪，及时排查发现安全隐患，第一时间组织群众转移，才能确保灾害可防可减，确保人民群众生命财产安全。

防范化解灾害风险，筑牢安全发展基础。提高灾害防灾减灾能力，事关人民群众的生命财产安全，事关社会和谐稳定和经济发展。各地各部门必须居安思危、防患未然，牢固树立底线思维，有效提升防灾减灾救灾能力。特别是在汛期，要继续加强隐患排查，进一步抓好地灾隐患拉网式排查，对新发现的隐患逐一落实防灾责任，分类落实防灾措施，确保险情早发现、早处置；要继续强化预警预报，进一步完善“群防”“技防”联动机制，督促监测值守到岗到位，确保信息畅通；要继续做好风险研判，将关口前移、重心下移，在灾害来临前对风险预先做出准确判断，努力实现从注重灾后救助向注重灾前预防转变，真正把问题解决在萌芽之时、成灾之前。在灾害来临时，要坚定贯彻主动避让、提前避让、预防避让的“三避让”基本原则，坚决落实危险隐患点强降雨时紧急撤离、隐患点发生异常险情时紧急撤离、对隐患点险情不能准确判断时紧急撤离的“三撤离”刚性要求，避免犹豫不决、瞻前顾后、“当机不断”等情况，变被动防灾为主动避灾，变临灾避险为预防避让。在群众不理解的时候，要有“宁听骂声不听哭声”的孺子牛心态，决不妥协让步，就算是背也要把群众背离险境，不把人民切身利益置于危险之地。

一切为了群众，一切依靠群众。灾难固然可怕，但更可怕的是对灾难的无知。只有在全社会层面提升安全意识、普及自救常识，才能最大限度织密防灾减灾救灾的网络。要以“全国防灾减灾日”为契机，要把“我为群众办实事”这一实践活动真切体现在防灾减灾和应急救援中，深入群众，有针对性地动员居民群众关注身边各类灾害风险，宣传自然灾害的偶发性、危害性和不可抗力，获得群众发自内心的支持，切实提高人民防灾减灾意识和应对突发灾难避险能力；要深入开展“五进”宣传，深入社区、深入基层、走村入户，结合各地灾害风险隐患等特点，从生活身边事抓起，使每个家庭掌握避险防灾的基本技能；要综合利用传统媒体和新媒体，通过网络公开课、新媒体直播、在线访谈等多种形式，面向社会公众普及各类灾害事故知识和防范应对基本技能，全方位、多角度、全立体宣传防灾减灾知识和灾害隐患分布点位。

防灾减灾就在我们每个人身边。防灾减灾，人人有责、人人可为。要发挥每位群众的积极性，把防灾减灾救灾的办法和技能融入群众日常的生产生活之中，切实提高在危急时刻的自救互救能力，进一步筑牢防灾减灾救灾人民防线。

（2021 年 5 月 11 日　胡嘉岩）

每个岗位都是生命的守护神

近期一些地方接连发生安全生产事故，再次暴露出安全生产领域形势仍然十分严峻。从近年来的事故统计和一些典型案例来看，85%以上的事故都是由“人的不安全因素”造成的，剩下不到15%的事故才是由“物的不安全状态”引发的。由此可见，人是生产活动中最活跃的因素，生产组织、指挥、管理、设备维修保养等都离不开人的操作。今年“安全生产月”的主题是“落实安全责任，推动安全发展”。每个岗位都是安全生产的重要环节，都承担着守护生命的重任，不能有丝毫疏漏；每一名守护安全发展的“战士”“勇士”都必须尽职尽责，严守每一道安全防线、堵塞每一个安全漏洞，才能织就安全生产全方位立体化防护网。

责任重于泰山，生命高于一切。安全生产绝非小事，是民生大事，是人命关天的事。各级党委政府、行业主管部门和所有企业必须各司其职、各担其责，严格落实企业主体责任、属地管理责任、行业监管责任和综合监管责任，形成安全生产监管闭环，确保人民群众的生命安全。各级党委政府要牢固树立安全生产观念，坚持“发展决不能以牺牲安全为代价”这条红线，以对人民极端负责的精神抓好安全生产工作，对安全生产实行一票否决，切实做到党政同责、一岗双责、失职追责，坚决扛起“促一方发展、保一方平安”的政治责任。管行业必须管安全、管业务必须管安全、管生产经营必须管安全。行业主管部门和综合监管部门要加大安全生产监管执法力度，铁心布置、铁面检查、铁腕执法，采取“四不两直”方式开展检查执法，做到不打折扣、不留死角、不走过场。安全是企业的生命线，是发展的永恒主题。各企业要认真落实安全生产主体责任，结合自身可能存在的特殊风险、特殊隐患、特殊问题，针对性地编制企业安全生产责任清单，将责任落实到每一个岗位、每一个人，自觉做到安全投入到位、隐患排查到位、安全培训到位、基础管理到位、应急救援到位，确保安全生产。

成事之要，关键在人。洛伦兹的“蝴蝶效应”理论指出，一个微小的误差随着不断推移会造成巨大的变数。这个理论运用在安全生产中，员工的一个微小动作就像那只蝴蝶偶尔扇动了几下翅膀，会对整条生产线、整个车间甚至整个企业产生巨大的影响。企业生产安全，职工既是操作者又是受益者。安全需求属于底层需求，是人的基本需求。企业职工、工厂工人、各行各业的劳动者都是家里的顶梁柱，一旦发生安全事故，对一个家庭来说就是不可承受之重。建立健全安全生产责任体系，需要让职工从“注意安全”向“渴望安全、我要安全”转变，把安全责任真正落实到最小工作单元，落实到每个人头、每个岗位。要加强宣传教育，创建良好的安全文化氛围，张贴随处可见的安全标语，上下班途中用稚嫩的童音呼吁安全，播放父母妻子温馨期盼的安全小视频，组织观看令人深刻反思的安全警示教育片，让员工时时刻刻处于一种自我暗示、自我警醒的状态。每名职工都应人手一份工作清单，按单办事，明确自己所在的岗位有哪些安全风险、把安全操作步骤落实到每个细节上，保证自己所在岗位决不违规操作，为整个班组乃至整个企业站好安全岗，当好一颗坚固的螺丝钉，在安全环节上焊紧焊牢。

安全无处不在，教训极其深刻。面对安全事故，绝大部分人都抱有侥幸心理，认为它一般都发生在别人身上，倒霉的事轮不到自己。一些人在面对事故时或许有瞬间的“触目惊心”之感，但长久下去会逐渐变得“不知痛痒”。大部分人认为安全事故都在别处、安全责任都是他事，自己置身事外。但每起事故，都似曾相识，都可以从我们身边找到类似案例。近日一则电瓶车入户，在电梯里自燃烧伤五个月大的婴儿和一名老人的事故发人深省。这些常见易发事故警示我们，安全问题和每个人都密切相关，个人的不安全行为不仅会给自身带来危险，也可能会对他人造成巨大的影响，甚至付出生命的代价。要坚决摒弃“他人之事与我何干”的心态，形成安全离不开“你、我、他”的思想自觉和行动自觉。在生产中，如果大家都对安全问题视而不见、麻木不仁，发现工友、同事有违规操作时不及时制止，发现有安全隐患时不主动上报，认为不是自己岗位的事，懒得多管“闲事”，一旦发生安全事故，承担后果的就将是我们自己。在平时的生活中，人们相互之间也应多提醒、多监督，敢于对不安全的行为说不。一个善意的提醒、一种坚决的态度，可能在无形中让亲人、朋友免于一场灾祸。因此，安全不是某一个人事，而应该是全社会的共同责任，靠大家共同来维护。

只要安全事故还时有发生，只要不期而至的灾难还无法避免，我们就没有丝毫理由放松对每个生命的悉心保护、对绝对安全的不懈追求，只有全社会共同关注安全、守护安全，我们才能获得安全，享受安全。

（2021 年 6 月 2 日　邓韵）

当好守护安全发展的“斗士”“勇士”

中国共产党历史，是一部不畏艰难、敢于胜利的伟大斗争史。作为应急人，缅怀革命先烈、赓续共产党人精神血脉，就要源源不断从党的历史中汲取前行的智慧和力量，不断增强斗争精神、提高斗争本领。尤其是当前四川已进入汛期，天气复杂多变，灾害种类多、分布广、频率高，加之正处于生产经营旺季，安全生产和防灾减灾形势十分严峻。一些企业在利益最大化驱使下，想尽一切办法逃避监管，处罚整改时四处找关系、威胁利诱监管人员，阻碍执法；有的地方对极端气候和极端灾害常态化的认识不到位，协同联动的体制机制还未完全形成，应急处置能力还远远不够。越是面对急难险重的考验，应急人越需要深入学习党史，发扬斗争精神，增强斗争本领，扛起自己肩负的使命责任，当好守护安全发展的“斗士”“勇士”，敢于同一切非法违法行为作顽强斗争，敢于直面灾害危难，赴汤蹈火，守一方水土，护一方安澜。

时代在变，精神永存。红色基因传承好，红色江山不变色。革命战争年代，正是无数前辈和先烈用“斗士”“勇士”的精神克服艰险困难，推动中国共产党由小变大，国家由弱到强，挺起时代的精神脊梁，成就了今天的辉煌。爬雪山、过草地，穿越千难万险，那是韧和毅；攻克“娄山关”“腊子口”，冒着枪林弹雨，那是勇和拼；打赢抗日战争，扭转敌强我弱战争局面，那是敢和慧。恩格斯深刻指出，每一次革命的胜利都带来道德上和精神上的巨大跃进。我们这个民族经得起苦难颠簸，我们这个国家挺得住风雨考验，根本原因就在于，在每个中国人的精神深处，拼搏奋进的光芒永远闪耀，斗争精神的旗帜永远不落。我国应急管理事业发展史，也是一代又一代应急人赴汤蹈火的实践史。无论岁月如何变迁、时代如何发展、体制如何转改，为党和人民竭忠尽智、枕戈待旦，无怨无悔地奉献青春、热血甚至生命，始终是应急管理队伍的不变誓言。在严峻的安全风险考验和重大自然灾害挑战面前，要发扬革命传统，承担历史使命，忠于使命、献身使命、不辱使命，在党和人民需要的时候，刀山敢上，火海敢闯，召之即来，战之必胜。

心中有信仰，足下有力量。精神所在，就是血脉所在、力量所在。坚定的理想信念，永远是激励我们奋勇向前、克难制胜的不竭力量源泉。做好应急管理工作离不开千千万万应急人各司其职、共同奋斗。越是面对重大风险考验，越需要有一大批“李云龙”式信念坚定、敢打必胜的干部披甲上马、冲锋陷阵。战斗打不赢，一切等于零。作为同灾害事故作斗争的专业化、职业化队伍，无论任务多么艰巨、环境多么恶劣、情况多么紧急，始终要坚定信念、不畏艰险、英勇顽强、从容应对。要持续加强理想信念教育，深入开展党史学习教育，持续开展职责使命教育，强化应急人职业认同感、使命感、荣誉感，充分认识应急管理事业是崇高神圣的事业，应急管理队伍是救民于水火、助民于危难的队伍，在应急实战面前冲锋陷阵、奋勇当先，在重大风险和灾情来临时勇挑重担、经受考验。要充分发挥抢险救灾、应急救援、灭火战斗、事故调查、执法检查等重大任务对理想信念的砥砺作用，在每一次纾民困、解民忧、救民难中感悟使命光荣、升华理想信念，增强为党和人民牺牲奉献的担当与赤诚，争做有效履行使命任务的“勇士”和“斗士”。

弘扬优良传统，密切联系群众。民之所忧，我之所思；民之所思，我之所行。我们党根基在人民，血脉在人民，力量在人民。无论是战争年代还是和平时期，共产党之所以始终受到人民群众的衷心拥护和爱戴，很重要一点是因为始终和人民群众打成一片，始终为了人民的利益。应急管理部门为人民而生、为人民而建、为人民而战，血脉在人民、根基在人民。作为人民的“守夜人”，要自觉把人民放在最高位置，始终保持

“斗士”和“勇士”状态，在人民群众最需要的时候冲锋陷阵，在服务人民中传递党和政府的温暖。一次次血的教训告诉我们，在确保生产安全的环环相扣的链条里，任何一个细小的环节都必须建立在严格的执法监管之上，执法者如果没有把人民群众生命安全放在第一位，弱化红线意识和底线思维，便可能给不法企业造成“有空子可钻”的错误认识，埋下极大的安全隐患，最终引发严重的后果。要以人民利益为工作的出发点，坚决纠正“不留情面执法是得罪人”的老好人思想，牢固树立“对隐患容忍就是对人民犯罪”的工作理念，在执法上严起来、紧起来、硬起来，形成强大的执法震慑效应，确保安全生产非法违法行为无处遁形，让违法违规企业付出惨重代价、倍感切肤之痛、怀揣敬畏之心。

征程万里风正劲，重任千钧再出发。应急管理是吃劲岗位，防范化解重大安全风险难题多、挑战大，不仅需要应急人默默付出、埋头苦干，还要能抗得住压力、经得起挫折、受得了委屈。要从关心关怀基层干部日常生活、工作环境、工作诉求等方面入手，最大限度解决基层应急干部后顾之忧，让他们心无旁骛战斗在第一线，直面“疑难杂症”、解决“急难险重”，唯困难不畏，唯勇气不移，唯志气不堕，唯精神不衰，为维护人民群众的根本利益，保障公共安全和社会稳定作出新的贡献。

（2021年6月28日　胡嘉岩）

以万全之备迎接每一轮强降雨到来

防汛救灾人命关天！7 月以来，省气象台已发布 11 次暴雨预警，省防办启动 4 次防汛应急响应，部分地区 8 月份还可能出现强降水，不排除发生严重灾害。全省防汛减灾形势十分严峻复杂，任务异常艰巨繁重。

防汛救灾工作是一场“大会战”，也是一项复杂的系统工程。从汛情监测预警、会商研判，到险情巡查防守、转移避险，再到灾后抢险救援、次生灾害防控等，防汛救灾工作责任链条长，任何环节没有抓紧抓实抓到位，都可能导致严重损失，特别需要各方主动担责、协同作战、形成合力。各地各部门要坚持“宁可十防九空，不可失防万一”“宁可备而不用，不可用时无备”“宁可听骂声，不可听哭声”，时刻绷紧防大汛、抢大险、救大灾这根弦。要坚持问题导向，理顺各个部门相应的职责划分，发挥各个部门的综合优势和职能，处理好“统和分”“防和救”“上和下”“军和地”等关系，凝聚起各方面工作合力，形成防汛救灾联合作战体系，确保防汛救灾工作既协同配合又统一高效，牢牢把握主动权、打好主动仗。

“君子以思患而豫防之。”见之于未萌，识之于未发，治之于未现。要精密做好预测预警，才能下好防汛救灾工作的“先手棋”、打好防汛救灾工作的“主动仗”。各级防办要积极与水利、应急、气象、自然资源等部门联动，加强强降雨、山洪、地质灾害预警信息共享，强化重点区域、流域风险研判会商，互相学习借鉴先进经验。要密切监视天气变化趋势走向，加大云计算、5G、大数据等新技术、新方法的应用，及时准确对雨情、水情等气象数据进行跟踪掌握，以科学化、系统化的防汛救灾机制提高灾害预报预警和应对能力，增强灾害预警的时效、提高预报精度、延长预见期，最大限度减少灾害发生的概率和危害。要及时引导群众提前做好各种防灾避险准备，充分利用新闻媒体、应急广播、微信群、QQ 群、大喇叭等多种形式，加大对人民群众的防汛救灾知识和汛情信息宣传，将预警信息发布到村、到户、到人，做到险情第一时间发现，第一时间汇报，第一时间预警，全力以赴打好打赢防汛救灾、安全度汛这场人民战争。

“民为邦本，本固邦宁。”“衙斋卧听萧萧竹，疑是民间疾苦声。些小吾曹州县吏，一枝一叶总关情。”人民群众的生命始终是第一位的，老百姓的安危就是我们的使命，要像对自己家人一样去重点关注预警地区的留守老人、儿童。不管是广播、打锣，还是挨户敲门清查，“最后一公里”必须要打通。要把“三避让”和“三撤离”刚性原则落实到村组、社区干部和每位群众，一旦达到预警条件的必须立即组织开展人员撤离工作，确保撤离不漏一户、不落一人。要提前制作避险转移“明白卡”，明确转移撤离预警信号，细化撤离路线，逐户逐人开展宣传教育，认真组织群众开展避险演练特别是夜间撤离演练，做到人人知晓、人人掌握，确保“早跑、快跑、会跑”。要根据预警不同等级，坚持特殊时期特殊举措，临机处置、果断决策，坚决停课、停业和停止集会。要及时组织群众安全撤离，哪怕是用肩头抗、用脊梁背，也要做到“应转必转、应转尽转”，确保不丢一户、不掉一人。要加强转移人员安置管理，严防危险未解除之前有人擅自返回造成伤亡，严防次生灾害发生。

“备豫不虞，古之善教也，求而无之，实难。过求何害？”不管是多少年一遇，糟糕的天气总有一天会出现。正因此，在灾害应对上，底线思维显得尤其重要——“从坏处时刻进行万全准备，努力争取最好的结果”。不仅要考虑下雨的情况，更需考虑下特大暴雨的情况；不仅要考虑应对暴雨，还得考虑应对多种次生灾害。要看预案管不管用，能否执行，符不符合实际；要看各项公共建筑抗洪能力，能否抵抗极端天气；要看各类保障，在停电、断路情况下能否到位。“凡事预则立，不预则废”，以万全之备去做规划、下决策、想对策，才不至于事到临头乱了阵脚。要定期组织开展防汛救灾演练，进一步提高群众应急避险意识和自救互救能力，掌握防洪防汛应急方法。要紧盯重要区域，盯紧薄弱环节，加强汛期值班值守，安排专人进行巡视巡查，确保电话 24 小时畅通，当好防汛救灾前哨站。要加强应急资源统筹调配，提前预置临战应急抢险救灾力量和基层防汛抢险救灾物资。要对城市内涝等隐患全面排查、摸清底数，注重用好数字信息化手段建立内涝防治模型，加大对行洪设施的建设维护力度，切实保障排涝工程设施的顺利运行，确保遭遇特大暴雨时排涝泄洪畅通无阻。总而言之，无论是在前线抢救被困群众、转移涉险人员，还是在后方运送应急物资、搜集预报信息，只要是群众需要的，就要把问题想得再充分一些，把准备做得再周全一些，把措施落实再细致一些，抓紧查隐患、堵漏洞、补短板。

“艰难方显勇毅，磨砺始得玉成。”新一轮降雨又要来袭，防汛减灾需要我们一仗接着一仗打，一关接着一关过。各地各部门要立足持久战、攻坚战，防止疲劳战，科学统筹安排，对那些长期白天上班、夜晚值班、假期加班甚至带病上岗的同志，要从政治上、生活上、组织上对他们多一分理解、多一分宽容、多一分关心。要继续发扬连续作战的顽强作风，保持越是艰险越向前的斗争意志，以“不破楼兰终不还”的英雄气概和“狭路相逢勇者胜”的斗争精神去做好防汛救灾工作，让人民群众安全安定安心。只要我们始终同人民想在一起、干在一起，风雨同舟、同甘共苦，做好万全之备、真刀真枪地干，就一定能筑起一道坚不可摧的防洪堤坝，把人民群众生命财产安全高高托举起来！

（2021 年 8 月 9 日　胡嘉岩）

不能麻痹　不能松懈
坚决打赢防汛减灾攻坚战

防汛减灾工作历来都是“天大的事”。四川是千河之省，大江大河众多，小河小渠不计其数，加之境内高山平原丘陵俱全，复杂的地形、特殊的地貌，往往洪涝灾害多、地质灾害频、造成损失大。自 6 月以来，持续多轮强降雨时段集中、雨洪叠加，多条大江大河超警超保，一些山地土壤饱和度已达极限，导致发生山洪、地质灾害的风险较高，全省防汛形势依然复杂严峻，多重困难叠加、多条战线作战，容不得丝毫松懈和麻痹大意。

防汛减灾年年讲、年年防、年年干，进入 9 月份后，有些地方容易产生麻痹思想和懈怠心理。加之全省上下夜以继日连续迎战 20 次暴雨预警，启动 7 次防汛应急响应，连轴转、持久战、攻坚战应接不暇，疲倦心理、疲劳状态难免产生。纵观历史，四川 9 月天气情况复杂多变。2008 年 9 月 22～27 日，四川省先后有12市38个县（市）遭受暴雨袭击，其中9个县（市）出现大暴雨。2016年9月18日起，四川省攀枝花市、泸州市、凉山州、阿坝州、乐山市5市（州）13县（市、区）因持续降雨引发洪涝灾害。攀枝花市强降雨造成4个县（区）15个乡（镇）12669人受灾，7人因灾死亡、10人失联。各地要继续绷紧防汛减灾这根弦，把各方面情况考虑得再多一些、再细一些，把防汛准备工作做得更深一些、更实一些。

慎易以避难，敬细以远大。面对持续暴雨和严峻形势，一些地方厌战畏难，认为解决防汛减灾工作特别是转移群众工作难度大，需要耗费大量人力、物力、财力，遇到矛盾问题躲、推、绕。有的地方特别是一些多年未发生山洪、地质灾害等险情的地方，盲目乐观，认为自己的辖区不会有事，即使有事也是小灾，不一定造成多大损失。还有的群众心存侥幸、心生怨言，认为跟着转移多次、跑了多次都没见发生什么事，9月份一般没有暴雨洪水，自己不跑也不会有事。如果任其发展，一旦发生险情，后果将难以想象。各地各部门要始终把保障人民生命财产安全置于首位，坚持“人民至上、生命至上”，始终保持应急状态，做好打持久战、攻坚战的心理准备，决不能抱侥幸心理，决不能贻误战机，决不能疏忽大意。越是紧要关头，越要咬紧牙关、一鼓作气；越是困难时刻，越要奋勇向前、勠力前行；越是情况好转，越要坚持不懈、持之以恒，继续保持慎终如始、如履薄冰的姿态，不畏艰险、勇毅向前，切实救民于水火，助民于危难，给人民以力量。

知者行之始，行者知之成。当前，随着社会经济的快速发展、移动互联网的普及，人民群众对防汛减灾的要求日益多元。无论是预警信息发布的及时性、准确性，还是救灾过程的快捷性、安全性，无不考验着应急力量、检验着应急速度。越是这个时候，就越要整合各种资源、调动各级力量，以坚韧不拔的意志，久久为功的心态，不为各种干扰所左右，做到“千磨万击还坚劲，任尔东西南北风”。要有针对性地做好精细化监测预报预警，密切监视天气、汛情变化，用好先进技术手段和人工预警手段，针对中心城镇、大江大河、地质灾害易发区加强精细化预报，特别是局部区域可能出现的短时强降雨和极端天气，及时发布、及时预警、及时处置，做到“上游下雨、中游吹哨、下游开跑”，“宁听骂声不听哭声”，决不能因疏忽大意造成人民群众生命财产损失。要全面提升重点部位防御能力，抓紧排查整治城市行洪道、涵道水闸、地铁站等处风险隐患，继续抓好地质灾害防治“底板工程”，推广“村组组织领导＋检测员巡查预警＋骨干群众参与＋接帮户支持＋受帮户配合”的结对避险方式，看牢守住主要江河干流堤防、病险水库、旅游景区、学校等重点部位，真正把人民群众生命安全放在压倒一切的位置。要以务实作风做好万全准备和周密应对，时刻绷紧防汛减灾这根弦，立足最坏打算，做好最足准备，落实好“三个宁可、三个不可”“三避让”“三撤离”等刚性要求，宁可十防九空、不可失防万一，宁可备而不用、不可用时无备，最大限度保护人民群众生命财产安全。一旦出现极端天气等非常情况，不要层层请示、开会决策，坚决按应急响应，该停学的停学、该停工的停工、该停业的停业、该停运的停运，及时警戒并采取封路措施，有序疏散群众，决不能抱侥幸心理，严防因预警不及时、管理服务不到位造成人员伤亡。

江山就是人民，人民就是江山。防汛减灾事关人民群众幸福感获得感安全感，是一场只有进行时没有完成时的远征，绝非一朝一夕之功。各级各部门只有心往一处想、劲往一处使、拧成一股绳、形成一股力、鼓足一口气，精诚团结、大力合作，以“功成不必在我”的博大襟怀，以不达目的誓不罢休的坚定决心，不幻想、不急于求成、不心浮气躁、不泄干劲，就一定能打赢防汛减灾、安全度汛这场硬仗，就一定能筑起维护人民群众生命财产安全的铜墙铁壁，就一定能换来人民群众的安全安定安心。

（2021 年 9 月 2 日　谭晶）

落实安全生产责任到最小工作单元

世间万物，生命最宝贵。百业兴旺，安全最重要。当前全省安全生产工作仍处于爬坡过坎期，事故总量还是高位运行。安全生产、防汛减灾等各项工作正在加力加劲进行，秋冬森林草原防火期即将到来，安全工作不确定性因素进一步增加。全省各地重点项目陆续集中开工，交通运输繁忙，一些企业抢工期、赶进度意愿强烈，满负荷、超强度生产情况增多，长期积累的隐患可能爆发，新的风险可能不断涌现。

壹引其纲，万目皆张。责任是落实安全生产的关键和保证。要过好安全生产这一关，最重要的是要过好“责任关”，要把责任落实到“最后一公里”。安全生产领域存在的各式各样的问题，归根结底都是责任不明确、责任不落实、责任落实不到位、责任未落实到最小工作单元造成的。有的责任主体落实不到位，责任清单束之高阁，安全管理流于形式、隐患排查流于形式、教育培训流于形式，责任始终落实不到最小工作单元。《中华人民共和国安全生产法》是落实安全责任的保障。要加强新修订的《中华人民共和国安全生产法》的宣贯，压实各方安全生产责任，加大对违法行为的处罚力度，形成“不敢不管、不能不管、一定要管”的刚性约束。

法律的生命在于实施，法律的权威在于执行。安全生产责任涉及党委政府的领导责任、部门的监管责任和企业的主体责任。落实安全生产责任到最小工作单元，最重要的就是要加强《中华人民共和国安全生产法》的贯彻实施，全面推行安全生产清单制，健全完善省市县乡村五级齐抓共管的责任体系，将地方属地管理责任、行业主管部门监管责任、应急部门综合监管责任和企业主体责任落实到“最后一米”。要切实推动具体落实到各级领导干部、生产一线监管人员和企业班组、岗位责任人员，推动安全生产一级抓一级，保证《中华人民共和国安全生产法》有效贯彻实施，坚决避免“上热中温下凉”，真正做到“上热下烫”。

宁可防在前、不可哭在后。今年是四川省安全生产专项整治三年行动“集中攻坚年”，“两个行动”也正在如火如荼地进行。安全生产事关生命安全，不是开开会、发发文就能解决问题的。各级监管部门必须子弹上膛、刺刀出鞘，必须动真碰硬、严格检查执法，决不能让《中华人民共和国安全生产法》等法律制度成为“稻草人”“纸老虎”。要让每一位执法者都能发挥利剑作用，采取“四不两直”方式加强督查检查，不走马观花、流于形式，不放过任何一个场所、任何一台设备、任何一条线路，查真问题、看真情况。要综合运用督查、巡查、考核，对工作不力的及时通报、对造成后果的坚决严肃追责问责，推动各级各部门各企业安全生产责任落实到位、监管覆盖到位、制度执行到位、隐患整改到位，真正把压力、震慑传递到最小工作单元。

队伍打胜仗，人民是靠山。安全生产事关大家生命财产安全，是全社会共同责任，离不开全民共同关注参与。群防群治理念不能丢掉，要用好举报奖励制度，用好“12345”举报投诉热线，动员群众、依靠群众、服务群众。安全生产人民防线要筑牢。要通过宣传教育，激发群众对安全生产的内生动力，发动每一名员工、每一名群众，形成“要我安全”向“我要安全”质的转变，织密织牢安全生产的“天罗地网”。

安全生产连着千万家，宁可百日紧，不可一日松。只有时刻绷紧安全生产这根弦，从根本上织密安全生产法治防护网，切实打牢安全生产法治根基，把安全生产责任落实到最小工作单位，才能及时消除安全隐患、全力以赴防范化解重大风险，才能坚决遏制重特大安全事故发生，才能坚决维护人民生命财产安全和社会大局稳定。

（2021 年 10 月 11 日　胡嘉岩　澎湃新闻转载）

向先进学习，向英模致敬

人生需要目标，个人需要榜样，没有目标就失去动力，没有榜样就失去方向。这次受表彰的应急管理系统先进模范和消防忠诚卫士是全系统的杰出代表，他们用一个个坚守和奋斗的故事，特别是在重大灾害事故面前不畏艰险、冲锋在前，用实际行动诠释无私奉献、敢于拼搏、勇于担当的精神，就是我们的标杆，值得我们学习。

觉悟看似无形，关键时刻明心见性。他们是奋战在应急一线的党员干部，可能没有惊天动地的伟业，没有轰轰烈烈的事业，埋头在各自岗位上，苦干实干、攻坚克难，书写厚重的人生，践行初心和使命。他们或是常年追踪灾情的灾害信息员，或是严格监管的执法人员，或是冲锋一线的救援人员，或是努力创新的技术人员。他们平凡普通，是我们朝夕相处的家人、同事、朋友，他们也有家长里短的烦恼、柴米油盐的琐碎。然而，关键时刻站出来、急难险重豁出去，应急人制服马甲是他们挺身而出的铠甲，地震、洪水、火灾是他们迎难而上的冲锋号，在党和人民最需要的地方冲锋陷阵，成就自我实现人生价值。

石头上长不出玫瑰花，沙漠上长不出棕榈树。人生欲有所成，关键在砥砺一颗恒心，永守一颗初心。古往今来，有恒心者事竟成。这些先进典型未必有出众的天赋，但他们都是守着一颗初心，始终坚定理想信念，牢记初心使命，怀着对事业的激情，咬定青山不放松，把应急处置、安全监管、风险防范岗位视作践行初心使命的最好平台，把救民于水火、助民于危难，保民平安、为民造福转化为实际行动，成就不凡事业，书写精彩篇章。

平凡中见伟大，一滴水中见太阳。没有远大理想，不是合格共产党员；离开现实工作空谈远大理想，也不是合格共产党员。这些先进典型自觉把工作当事业，不懈奋斗、甘于奉献，脚踏实地把每件平凡事做好，持续努力、日上层楼、厚积薄发，在平凡工作岗位上干出不平凡成绩。多少人顶着星星月亮、风霜雪雨日夜坚守值守，勇做人民的守夜人；多少人望着熟睡的妻儿，开始一场说走就走的“旅行”，一走就是几十天。他们默默付出，无私奉献，用辛勤的汗水汇聚起推动国家发展、民族复兴的巨大洪流。

看似寻常最奇崛，成如容易却艰辛。这些先进典型始终坚持“人民至上、生命至上”，始终把全心全意为人民服务、把人民群众对美好生活的向往，作为他们努力的方向、奋斗的目标。防灾救灾一线，他们奋不顾身，跋山涉水、翻山越岭，用脚步丈量民情、用汗水绘制四川“追雨人”、四川“应急侠”“森林守护员”等新形象；执法检查一线，他们铁面无私、披荆斩棘，“五加二”“白加黑”，顶住压力下深水、较真碰硬解难题，用自己的“辛苦指数”换来群众的“幸福指数”，这样的人生无疑每一日都是幸福的，每一日都是崇高的。

崇尚英雄才会产生英雄，争做英雄才会英雄辈出。应急管理工作是一项一年三百六十五天每天二十四小时坚守的工作，没有八小时内外之分，没有工作日节假日的区别，要长期与自然灾害事故作斗争，时刻面临着血与火、生与死的考验。全省应急系统干部职工要以先进典型为榜样，不忘初心、牢记使命，在党和人民最需要的关头，在生与死的严峻考验面前，不畏艰险、逆向而行，坚决扛起保民平安、为民造福的神圣职责，努力在新的奋斗征程上为党和人民作出更大贡献、争取更大光荣。

（2021 年 11 月 8 日　刘洋、胡嘉岩）

安全就是竞争力　安全就是生产力

安全就是效益，安全就是竞争力，安全就是生产力。经济发展犹如一场接力赛，安全生产就是交接棒环节，只有做好安全生产，才能让经济发展的接力赛顺利完赛。安全更是企业这只“木桶”发展的“桶箍”，无论长板还是短板，没有“桶箍”的存在，再华丽精美的“木桶”也无法使用。在越来越重视安全生产的当下，企业一旦发生安全事故，等待企业的不仅有民事赔偿、行政处罚，甚至还有刑事责任。对于企业来说，安全事故可能就是毁灭式打击。

安全就是效益。安全是企业最大效益，安全是员工最大福利。无论是企业还是个人，只有安全了，才会拥有其他一切。失去了安全，就会面临危险；丢掉了安全，就可能孕育灾难。安全和效益就像 1 和 0 的关系，安全是 1，效益是 0，没有了安全，效益再高也等于零。有研究显示，安全保障措施的预防性投入效果与企业效益是积极正向关系。安全投入高的企业不仅安全事故少而且经济效益也好，更能往更高质量、更大规模发展；与此相反，对安全生产重视不够的企业，一念之差，违章作业，轻则受伤，重则亡命，后果不堪设想。安全事故给企业造成的直接损失，少则几千、几万元，多则几百万甚至上亿元。事故所带来的间接损失，更是不可限量，难以估算。新修改的《中华人民共和国安全生产法》提高了对违法行为的罚款数额，仅仅就事故罚款方面，由现行法规定的20万元～2000万元，提高至30万元～1亿元；对单位主要负责人的事故罚款数额由年收入的30％～80％，提高至40％～100％。

安全就是竞争力。高质量发展才具有核心竞争力，只顾短期利益而“因陋就简”的企业是经不起风浪的。安全生产，不仅是防止事故发生，更要创造一种推动企业通过创新提升价值、关心社会责任的环境，极大提高企业信誉度和美誉度，更是一种无形的竞争力。安全生产的投入，不仅能保证作业工人的生命安全，更重要的是能提高作业人员的工作效率，节约生产成本，提高企业核心竞争力。事故是制约发展的短板，安全是保障发展的基石。安全事故好比接力赛掉棒、拉力赛翻车，速度再快也失去了竞争力。对于一个企业来说，不论技术多么高超，工艺多么精湛，服务多么优良，只要发生一点点的安全纰漏，轻则影响企业的整体经济效益，重则造成无法挽回的安全事故，竞争力大打折扣。一个不安全的工厂，不能给劳动者创造更多的福利和安全，严重影响职工积极性和企业声誉，也就失去了吸引人才的本钱，竞争力必定持续降低。没有安全“保驾护航”，企业有再多的核心竞争力，也无从发挥。只要出事故，吞噬掉的不仅仅是人命和财富，甚至可能让企业陷入破产倒闭困境，经营者被追究刑责，企业信誉将毁于一旦，失去发展竞争的生命线。

安全就是生产力。安全生产一头连着企业，一头连着千家万户。安全生产的出发点就是首先要保护生产者以及所有人的生命财产安全，保障生产资料和生产环境，就是保护社会生产力。任何一次安全事故所造成的生产停滞、设备损坏、人员伤亡，给人民生命财产和国家经济建设带来的严重损失，都会阻碍生产力发展。搞好安全生产，切实保障人民群众的生命财产安全，是生产力发展的基础和条件。发展生产力，最重要的就是保护劳动者，保护他们的安全健康，使之有健康的身体、充沛的精神工作。企业搞好了安全生产，避免了一些事故的发生，保护了工人生命财产安全，就是在创造效益、创造利润，也提高了生产力。因此，只有确保安全生产，才能提高生产力，企业往往才可能往更高质量、更大规模发展。

“安全之重，重乎于泰山；事故之猛，猛乎于虎。”只有始终以“居安思危”的前瞻意识与预防的措施相结合，才能“远见于未萌、避危于无形”。在能源保供的背景下，企业决不能以保供的名义放松安全标准、突破安全底线，只有正确认识安全与发展的关系，认识到安全与竞争力的关系，认识到经济社会发展的每一个项目、每一个环节都要以安全为前提，切实落实安全生产各项措施，勇于对各类安全生产违法行为零容忍、严惩戒，才能坚守“发展决不能以牺牲安全为代价”这条红线，才能提高社会的整体安全水平，才能更好地维护人民群众的生命财产安全。

（2021 年 12 月 1 日　胡嘉岩）

不把安全当回事　迟早绝对出大事

“泾溪石险人兢慎，终岁不闻倾覆人。却是平流无石处，时时闻说有沉沦。”事实上，在平安的日常岁月里，思想这根弦最容易放松，侥幸心理最容易膨胀。有太多人只是把关于“安全”的提醒和要求当作无关紧要的“耳旁风”，认为事故都发生在他人身上，把别人的事故当故事，并没有真正放在心上、记在脑中。殊不知，正是这种不把安全当回事的心理，才让事故有可乘之机，在某一天突然发生在身边。

只想着抠到黄鳝，有可能掉了笆篼。亚里士多德说过：“聪明的人不在于追求幸福，而在于避免不幸。”而避免不幸的首选就是杜绝侥幸心理。对安全来说更是如此，倘若心存侥幸、淡薄麻木，必然会因小失大。比如，生活中最常见到的外卖小哥，只有多送订单才能有更多收入，而外卖若不能准时送达，又可能受到经济上的处罚。因此，这些外卖小哥成为与时间赛跑的“飞人”，一边把电瓶车骑得飞快，一边打着电话，甚至有的还在途中随意变道、逆行、闯红灯，违反交通规则导致发生事故的新闻屡见不鲜。一旦出现事故，治疗费用和耽误的工期必然会让很多本就不富裕的家庭雪上加霜。其实在生活中，像这样舍本逐末的情况还有很多。有的人为了节约几块钱停车或者充电费，违规将电瓶车放在单元楼道口或是直接推回家充电，最后引发火灾造成难以挽回的损失，教科书式地演绎了“捡了芝麻、丢了西瓜”；再比如有些企业心存侥幸，认为安全生产事故是小概率事件，不愿意真正投入成本对员工进行安全教育培训，这种“无证驾驶”般的员工，将会给自身安全和企业生产带来巨大的风险和不可预测的严重后果。这些人认为倒霉的永远不会是自己，在安全意识淡薄和思想上自我麻痹。血淋淋的教训告诉我们，事故就在我们身边，只有摒弃侥幸心理、敬畏安全规则、遵守安全法律，在思想上紧绷安全这根弦，实现从“要我安全”到“我要安全”的转变，才能真正将事故置之门外，让自己及身边人得以平安。

雪崩时，没有一片雪花是无辜的。商场楼道里“严禁吸烟”的安全标志、小区花园中“不要高空抛物”的善意提醒、池塘河边“禁止下水游泳”的警示牌匾，甚至汽车里“滴滴滴”对未系安全带的警告提示，对于这些生活中随时随地都存在的安全注意事项，很多人就只是看一看、听一听，不会停下来过多地思考行动，更多的是你说你的，我做我的，把温馨提示当成了一股不痛不痒的耳边风。还有很多人，秉持着“事不关己，高高挂起”的态度，总觉得纠正违章违纪和消除安全隐患是安全管理人员的事情，是相关部门的事情，是上级对下级的事情，唯独不是自己的事。更有甚者，明明看到了错误做法和违规行为却碍于情面不愿做“找事者”，选择袖手旁观。但是，安全没有旁观者，社会需要热心人，每个人都是安全卫士。如果每个人面对隐患都无动于衷，遇到问题不敢担当、害怕麻烦，那么身边的小问题就会越积越多，时间一长，小问题就会积累为大麻烦，小隐患也会诱发大事故，一旦酿成灾难，悔之晚矣！因此，必须消除“见怪不怪”“习以为常”“与我无关”的麻痹心态，让每个人都明白自己属于全社会安全生产共同体，强化责任心和敢于担当的精神，时刻提高警惕，主动防御，把隐患和问题消灭在事故发生之前，最大限度地避免事故发生。

百尺之室，以突隙之烟焚。百因必有果，安全生产只有进行时，没有冷热期。一些地方负责人，一次次在事故教训面前掩面叹息，叫嚣着要“痛定思痛，举一反三”，却又一次次“好了伤疤忘了疼”，在同一个阴沟里反复翻船。一些监管部门注重搞形式、走过场，对安全问题了解不深、不实、不细，在安全检查中走马观花，到各个岗位转上一圈了事；有的是在检查中虽然发现了问题，却只是下发了整改通知，至于整改不整改，什么时候整改完，最终整改的成效却没了下文；有的企业被要求立即整改，但整改报告却不知是从什么地方抄的，内容与要求大相径庭，甚至连名字都跟别人一个样；还有个别企业被要求整改和约谈后，仍置若罔闻，违规变本加厉。这种对安全的藐视和敷衍，最终损害的是单位的信誉，损害的是人民群众的安全和利益。说教千遍，不如问责一遍。遇到这样的“走过场”，必须以问责倒逼责任落实。通过失职追责，层层传导压力，充分发挥惩戒作用，倒逼地方、部门和企业强化忧患意识，切实做到认识到位、措施到位、责任到位、保障到位，从而有效防范和化解安全风险，最大限度降低安全事故发生，真正做到“防患于未然”。

道理不难懂，关键看行动。安全，从来不是冰冷的字眼，它承载着太多关于生命和幸福的意义，犹如空气一般，受益不觉但失之难存。在安全中，人人都应参与，且人人都是主角，所以每个人都不能在生活工作中“心存侥幸”，也不能在隐患面前“事不关己”，更不能在面对风险时“敷衍了事”。只有我们做出相应的改变，积极主动、人人尽责，才能让渐渐忘却的安全意识回归心底，才能真正构筑起安全的堤坝，让我们的每一天，都能少一起事故，多一道风景。

（2022 年 1 月 6 日　刘洋、胡嘉岩　《廉政瞭望》2022 年第 7 期转载，《中国应急管理报》2022 年 4 月 11 日转载）

安规血写成　莫用血来证

岁末年初历来是安全生产事故的高发期，面临安全事故总量高位运行、重点行业领域事故陡增、部分地区事故多发、重大事故风险抬头的严峻形势。一起起事故令人痛心，冷冰冰伤亡数字背后是一个个伤心欲绝、痛失亲人的家庭。

违法行为层出不穷，违规乃至违法操作屡禁不止，生命的代价、血的教训不可谓不深刻，然而依然有企业“顶风作案”“蒙眼狂奔”，有行业主管部门监而不管、管而不严，有的地方党委、政府“纸上谈兵”“庸医治病”。

利之所在，无所不至。有的企业安全意识淡薄，片面追求经济效益，忽视安全生产，置员工生命于不顾，甚至蓄意逃避监管，采取极端隐蔽方式，擅自组织非法违法生产，要钱不要命；有的企业安全投入不足，安全设施设备陈旧老化，“透支”安全能力，隐患排查整治不彻底；有的企业安全教育培训不到位，游离于实际需要之外，员工对可能的危害不清楚，对如何发现事故苗头不了解，对处置和逃生技能不掌握，不按规定佩戴安全防护用品、违规操作、冒险蛮干；有的企业对国家确定的措施不落实，始终停留在会议上、文件上、口头上，隐患点随处可见，一句“马上整改”应付多少次安全检查；有的企业嘴上说要重视安全，真正遇到需要整改或者安全投入时，抠抠搜搜舍不得花钱，连灭火器都是能省一个是一个！

“麻绳专挑细处断”，而安全事故也“深爱”漏洞和薄弱环节。有的基层部门开会就算履职，到现场就算尽责；有的地方看似层层加码“码”到成功，其实是层层加水“水”到渠成；有的监管部门和检查人员只注重检查，照片一拍了之，隐患一查了之，隐患整改措施的跟踪、落实和验证没了下文；一些事故有案不移、有案难移、以罚代刑的问题仍然是一大顽疾。巨大的利益面前，以罚代刑等手段只能治标不能治本，有时甚至连“治标”都难以实现，前脚刚交完罚款，不仅承诺的整改没有到位，还以被罚为“护身符”变本加厉，更加无视安全生产，后果不堪设想。深究背后的原因，既有自古以来情理法关系中情在前、法在后的固有传统，也有落实法律责任不到位、监管执法不愿动真逗硬的现实困境；既有“说了”等于“做了”的形式主义泛滥，也有“做了”等于“做成了”，“做完了”等于“做好了”的应付式落实。

正其末者端其本，善其后者慎其先。每一条安全规定都是用鲜血甚至生命的教训总结出来的。各地要紧紧围绕以高水平安全服务经济社会高质量发展的“主线”，从源头上防范化解重大安全风险，从根本上消除事故隐患，从根本上解决问题，切实提高本质安全水平。要贯彻新修改的安全生产法，严格落实“党政同责、一岗双责、齐抓共管、失职追责”和“三管三必须”要求，全面排查整治安全隐患，把责任落实到最小工作单元。要切实落实企业主体责任，动员每一名员工参与安全生产工作，严格落实安全生产规章制度。要深入开展安全生产专项整治“巩固提升年”行动，对尚未完成整改的重大隐患实行挂牌督办，对存在重大安全风险的项目实行“一票否决”。要强化行政执法与司法衔接工作，让违法行为不再不痛不痒，对涉嫌犯罪的案件，切实做到该移送的移送、该受理的受理、该立案的立案，让违法主体为其行为“买单”，以实际行动彰显法律权威。

致广大而尽精微。当前，统筹发展和安全极为重要，稍有放松就有可能引发事故，稍有闪失将会影响全局。各级应急管理部门要胸怀“国之大者”，坚持“人民至上、生命至上”，围绕以高水平安全服务经济社会高质量发展“一条主线”，健全源头治理、应急应战、战备保障“三大体系”，全面实施安全提质、防灾提效、救援提能、科技提速、基础提档、队伍提级“六项工程”，持续提升防范化解重大安全风险水平，坚决守牢安全底线，营造良好的安全环境，不断增强人民群众的获得感幸福感安全感。

（2022 年 1 月 28 日　胡嘉岩）

奋楫扬帆
以高水平安全服务高质量发展

应急管理各项事业千头万绪，每一项工作都关系着民生安危，须臾不可放松。面对复杂形势、复杂矛盾、繁重任务，迫切需要以系统思维谋全局、以战略定力迎挑战，用十个指头弹钢琴，紧紧围绕主要矛盾和中心任务，优先解决主要矛盾和矛盾的主要方面，以此带动其他矛盾的解决，做到忙而不乱、忙而不漏、忙而有序、忙而有效，在整体推进中实现重点突破，以重点突破带动应急管理体系和能力整体跃升。举一纲而万目张，解一卷而众篇明。各级应急管理部门要聚焦源头治理、应急应战、战备保障“三大体系”，围绕安全提质、防灾提效、救援提能、科技提速、基础提档、队伍提级“六项工程”，以高水平安全服务高质量发展为主线，持续提升防范化解重大安全风险水平，不断增强有效应对处置各类灾害事故能力，坚决筑牢维护人民生命财产安全的铜墙铁壁。

民惟邦本，本固邦宁。提升本质安全水平，是增强人民群众获得感、幸福感和安全感的必然要求，也是服务高质量发展的重要保障：没有本质安全，发展只能是“镜花水月”，取得的成果也可能毁于一旦。我们应该以系统性思维防范化解重大安全风险，从源头上严格安全准入和风险分级管控，推进清单制管理提档升级，开展全过程、全方位的危害辨识，切实杜绝认不清、想不到、管不住等问题的发生；要继续聚焦党政领导责任、行业（部门）监管责任、企业主体责任，健全完善安全生产责任体系，压实到最小工作单元；推进安全生产标准化建设，探索建立安全生产信用分级分类制度，严格“黑名单”管理，依法依规实施联合惩戒；围绕安全生产专项整治三年行动和危化品安全风险集中治理重点，加大安全监管力度，组织开展各类专项执法行动，最大限度压缩违法违规行为的生存空间，让安全这面“镜子”，映照出政府的治理水平和执政初心。

多难兴邦，殷忧启圣。人类对自然规律的认知没有止境，防灾减灾、抗灾救灾是人类生存发展的永恒课题。灾害的预防、治理、救援、处置，一环扣一环，每一个环节都是套在人民群众身上的救生圈。思想上，要时刻绷紧一根弦，看清趋势、明了态势，主动作为、靠前预防，丝毫不能疏忽懈怠或麻痹大意，从最坏处想、主动研判预防极端情况。措施上，继续做好全国自然灾害综合风险普查，完善风险隐患清单数据库，健全安全风险分级管控制度，严格做好灾前、灾中、灾后全链条隐患排查，推动问题隐患限时整治。机制上，要层层严格落实责任，推进灾害综合监测预警平台建设，完善风险会商研判平台，实现横向和纵向的灾害事故预警信息共享和发布机制，提高预警信息发布覆盖面和时效性，确保预警信息及时到户到人，在遇到极端气象或成灾迹象时要及时组织群众转移避险。

不一则不专，不专则不能。专业素养是干事业抓工作的重要基础。应急部门应该始终做好最坏的准备，加强各类预案与总体预案有效衔接，针对重要目标、重大危险源、重大活动、重大基础设施分级编制安全保障应急预案，努力争取最好的结果，做到有备无患。要持续优化国家综合性消防救援队伍力量布局，充分发挥“一主两辅”基层应急力量体系效能，加大对乡镇（街道）应急队、村（社区）应急分队联防联训，引导社会力量有序参与救援。没有“一招鲜吃遍天”的手段，无论是地震、火灾、洪涝等自然灾害救援，还是煤矿、危化品事故救援，都应该结合自身风险特点有针对性常态化开展实战演练，以练为战，全面提升实战能力。要提升装备现代化水平，强化物资保障力度，推动“空地救援”深度融合，提高各类救援队伍装备配备整体水平。

凡益之道，与时偕行。科技信息改变了生活、改变了世界，也改变了应急管理工作。未来的安全监管和应急救援已发生根本性转变，卫星通信、北斗导航、无人机、5G 等高科技正成为应急管理走向现代化的重要帮手。谁能够自觉强化“科技兴安”思维，掌握信息化本领，在工作中有效运用数据、驾驭网络，谁就能够在与死神的赛跑中抢得先机、赢得主动。我们要持续推进应急管理综合应用平台等系统建设，构建“智慧应急大脑”，建成应急指挥“一张图”，提高极端情况下的应急保障能力，强化基层应急通信保障；强化聚才引智，分类别组建“人才库”“专家库”，深化与优势科研院所、高等院校、高新科技企业紧密协作，不断提高应急管理科研能力；加快建设风险感知网络体系，推进“互联网＋监管”，实现事故风险自动识别报警、灾害风险精准监测、执法过程全记录、调查取证可追溯。

本强则茂，基壮则安。应急管理基层基础建设直接关系到救援速度。要加快建设县域“1小时”和乡镇“半小时”应急救援响应圈。“高效”“专业”“集中力量办大事”，这些词语像涓涓细流，经久不衰地转换为人民群众增强“制度自信”的滔滔江海。我们只有毫不动摇地继续加快推进基层基础建设，才能够在灾害和事故面前更好地发挥中国特色社会主义道路优势，为应急管理全面发展奠定更牢固的基础、提供更强有力的保障。要抓住四川省“十四五”应急体系规划实施的机遇，制定细化规划实施方案，强化人、财、物投入保障，合理配置资源，全力推进实施；推进国家西南区域应急救援中心、省级综合应急救援中心基地、应急救援总队和危化品应急救援基地建设，着力形成“一专多能、快速反应”的综合性救援基地；持续推动安全宣传“五进”工作，组织好“安全生产月”“防灾减灾日”“消防安全月”等集中宣传教育活动，加强生产安全事故典型案例、森林草原防灭火典型违法案件警示教育，引导广大人民群众提升自救互救能力。

多士成大业，群贤济弘绩。船的力量在帆上，人的力量在心上。一个国家、一个民族不能没有灵魂；一个系统、一支队伍更需不断淬炼信仰的基因。我们正处在实现中华民族伟大复兴的关键时期，既面临着难得的建功立业的人生际遇，也面临着“天将降大任于斯人”的时代使命，要持续拓展“不忘初心、牢记使命”主题教育、党史学习教育成果，引导全系统党员干部自觉做“两个确立”的坚决拥护者和“两个维护”的坚定践行者；要加强培养历练，强化每个人的防控风险能力、突发事件处置能力、应急应战能力、应急战备保障能力、法律政策运用能力、科技应用能力、舆论引导能力，打造一支全面过硬的应急管理“新川军”；要坚持不懈正风肃纪，让讲纪律、守规矩成为应急管理干部的思想自觉和行动自觉；要健全完善应急管理职业荣誉激励、表彰奖励制度，做到政治上激励、工作上鼓劲、待遇上保障、人文上关怀，千方百计帮助解决各种实际困难，增强职业的使命感、救援的荣誉感，让他们安身、安心、安业。

宏伟蓝图已经绘就，笃行不怠更向征程。应急管理工作做的是与人民生命财产安全紧密相关的工作，时刻面临着极端情况和生死考验，越是向前、越是深入，面临的形势越是严峻，任务越是艰巨，挑战越是复杂。各级应急部门和干部要紧紧围绕高水平安全服务高质量发展“一条主线”，构建源头治理、应急应战、战备保障“三大体系”，加快推进本质安全水平提升、灾害源头防治、救援能力提升、科技信息支撑、基层基础建设、队伍正规化建设“六项工程”，持续提升防范化解重大安全风险水平，不断增强有效应对处置各类灾害事故能力，以过硬素质和本领建功新时代、展现新作为、创造新成绩，不断推动四川应急管理事业高质量发展。

（2022 年 2 月 24 日　胡嘉岩）

警钟长鸣

《说文》有言："警，戒也。"以言语发出警告使之有所戒备，即告诫。《玉篇》曰：示者，语也。以事告人曰示也。"警示"即告诫示意。每年 3 月至 4 月为森林草原防火宣传月，3 月 30 日是全省森林草原防灭火警示日。设立全省森林草原防灭火警示日就是要我们牢记教训，不重蹈覆辙，筑起绿水青山的"防火墙"、织密人民群众生命财产安全的"防护网"。要以森林草原防灭火警示日为契机，加大案件警示教育力度，以案为戒、以案示警、以案促改、以案正风，让广大干部群众清醒地认识到今天的"片中人"也曾是过去的"看片人"。"片外人"看"片中人"，其目的是从教训中反躬自省，防止成为"片中人"。

历史是最好的教科书，也是最好的清醒剂。作为全国森林草原火灾防范重点省份，全省森林草原面临覆盖面广、分布地域宽等诸多错综复杂的安全风险。35 个高火险县（市、区）

主要分布在攀枝花、甘孜、阿坝、凉山等市州的地势复杂地区的基本面绝不会改变，近年来全球极端气候增多、气温较往年升高的趋势绝不会改变，这些地区人民群众用火的历史传统很难快速改变，森林草原防灭火的意识也尚未在高火险地区完全落地生根。各地各部门要拿出踏石留印、抓铁有痕的劲头，迎难而上、知难而进，全面从严、一严到底，坚决铲除“隐患源”，祛除“燃烧点”，决不能让森林草原火灾死灰复燃。

警示教育并非一劳永逸，更不是一曝十寒。除了组织“警示教育日”活动“零距离”“面对面”教育警醒，各地要树牢底线思维，增强忧患意识，守住底线红线，不断提高政治判断力、政治领悟力和政治执行力，压紧压实政治责任；要深入开展森林草原防灭火警示教育、法律法规宣传、安全隐患排查整治、专题培训和应急演练，完善森林、草原防火条例和执行机制，强化广大干部群众的责任与义务，营造全民防火、全民监督、全民践行的良好氛围；要通过夯实基层基础、严格考评问效、开展宣传活动等方式，推动森林草原防火整治制度化、常态化、长效化。只有综合施策、多方联动、一体推进，坚持基础设施不滞后、警示教育不放松、防火宣传不停步、案件查处不手软，把防火工作贯穿全过程，让森林草原防灭火的安全意识真正深植人心，才能彻底铲除“火患”“火险”等得以滋生的土壤，切断从风险隐患到火灾事故的生成链条，真正把问题解决在萌芽之时、成灾之前。

殷鉴不远，警钟长鸣。各地要坚决防止对防灭火工作长期性复杂性艰巨性认识不足、盲目乐观，坚决杜绝过关思想、交差心态，坚决克服麻痹思想、侥幸心理、畏难情绪，时刻警钟长鸣，时刻绷紧森林草原防灭火这根弦，保持对高危阶段的高度警醒，切实提高严防死守的思想自觉和行动自觉，以万全之备防范化解重大火灾风险隐患，牢牢守住安全底线。

（2022 年 3 月 14 日　刘洋、胡嘉岩　《四川党的建设》2022 年第 8 期转载）

新官上任亟须提高应急管理能力

近年来，自然灾害、突发事件时有发生，有效应对突发事件是各级领导干部必须担负起的政治责任。领导干部不仅要有提高谋划和领导高质量发展的能力，还要有提高化解各类风险、有效应对各类突发事件的能力，更加需要统筹谋划、一体推进高质量发展和高水平安全，聚焦源头治理、应急应战、战备保障“三大体系”，坚持底线思维、增强忧患意识，以高水平安全服务经济社会高质量发展这条“主线”。

“见本而知末，执一而应万。”自古以来蜀山险要、蜀水湍急，灾害种类多、分布地域广、发生频率高、造成损失重；作为长江上游生态屏障，森林资源丰富，森林火险期长、等级高；企业安全生产投入明显不足，安全生产基础薄弱，事故隐患大量存在，机动车辆增长迅速，安全风险防范形势仍然复杂严峻。冬春防火、夏秋防汛、四季防地灾、全年防地震，各种风险挑战相互交织、相互作用，极易产生“想不到”的风险和“看不见”的问题，加大了应急处置难度。从近年来多起突发事件来看，一些地方因为防范不及、应对不力，使小的矛盾风险传导、叠加、演变、升级，最终发展成大的矛盾风险。防范化解重大风险，是各级党委政府和领导干部的政治职责。在各种各样的突发事件面前，不能老是被动应对。突发事件不仅可以识别，而且只要把握规律、应对得当，突发事件的发生可以防止，突发事件的损失可以得到有效控制。领导干部是突发事件处置的中枢与关键力量，迫切需要提高风险感知能力、研判能力，健全风险防范化解机制，坚持从源头上防范化解重大安全风险，真正把问题解决在萌芽之时、成灾之前。

“谋无主则困，事无备则废。”不可否认的是地震、洪涝等自然灾害具有突发性。特别是在全球变暖的总趋势下，小概率、高影响天气气候事件发生率增大，极端天气出现的概率不断增加。一旦发生灾害事故，极其考验领导干部的危机决策能力、现场指挥能力、综合协调能力等应急应战能力。突发事件事关人民群众切身利益，要牢固树立人民至上、生命至上理念，从群众最急迫的需求着手，第一时间救助伤员、妥善安置群众、严控重大安全风险的关联反应，最大限度地减少人民群众的生命与财产损失，是处置突发事件的出发点和落脚点；要统一领导，分级负责，属地为主，充分授权，减少层级，确保指挥顺畅、灵敏高效；要理顺一线各参战力量的指挥、配属、协同、支援关系，坚持“属地指挥、分级指挥、统一指挥、专业指挥”，建立一线指挥、控制、保障的闭合回路；要科学运用日常研判结论，按照应急预案流程，及时设置应急处突方案，靠前指挥、现场调度、集体决策、勇于拍板，防止在极端天气等非常情况下因层层请示而贻误战机；要充分发挥专业人员、专家团队参与决策作用，听取行业领域专业人士意见，提高突发事件处理科学化、专业化、智能化、精细化水平，避免“外行指挥内行”。

“守不忘战，将之任也；训练有备，兵之事也。”加强战备保障是高效处理突发事件的基础。领导干部要提高战略素养，科学预见本区域可能发生的突发事件，未雨绸缪、精准筹备，着力提高突发事件应急战备保障能力；要吸取国内外突发事件处置的经验教训，加强常态与非常态相结合的防灾备灾减灾能力建设，完善预案，加强演练；要提升应对巨灾风险意识，聚焦最担心的问题、最薄弱的环节，查隐患、堵漏洞、补短板；要全力做好防大灾、抢大险的思想准备、力量准备、物资准备、机制准备、通信准备等应急准备，时刻准备打硬仗、打大仗、打胜仗。

“观滴水可知沧海。”及时准确发布信息是赢得社会理解和支持的前提。突发事件影响广、关注度高，舆论引导失策失当，就会产生舆情次生灾害，小事酿成大祸。新媒体时代领导干部要增强与媒体打交道的能力，坚持走群众路线，积极回应社会关切，为公众解疑释惑。“信任不是在事件发生之后才建立的，而是在日常沟通中建立的。”领导干部应该高度重视媒体在突发事件处理中的特殊功能，将风险沟通意识融入应急工作中，坚持开放式应急、开放式救援，才可能赢得公众的信任。要充分保障公众知情权和表达权，以公众利益为出发点，增强公众对政府的信任，从而增强政府在处理风险过程中的权威性。危机事件发生后，许多领导干部害怕媒体、躲避记者，以为不面对就是没发生，犯了“掩耳盗铃”的低级错误，导致一些谣言满天飞。一方面，媒体是政府与公众沟通的最主要工具。要切实改变“先处理后报道”“只处理不报道”等观念，充分发挥媒体作用，及时召开新闻发布会，直面媒体提问，动态公布灾情、险情及救援救助情况，回应社会关切，稳定社会情绪。另一方面，媒体反映舆论，报道的是公众关注的问题，这也为政府调整风险应对策略提供参考。因此，提高领导干部媒体素养以及应对媒体的能力，也是履行职责使命的一种能力素质。

花繁柳密处拨得开，风狂雨急时立得定。2021 年 4 月，国内首份《领导干部应急管理素养蓝皮书》发布。蓝皮书提出，研判力、决策力、掌控力、协调力、引导力与成长力是评估领导干部应急素养的六个重要指标。领导干部不断提升应急素养和应急管理能力，才能在危机困难面前敢于挺身而出，才能更好地干事担事，才能在危机中育先机、于变局中开新局，在不断解决问题、破解难题中锻炼成长。

（2022 年 4 月 8 日　刘洋　《四川党校报》2022 年 4 月 15 日转载）

警钟长鸣！切莫隔岸观火

防火重于泰山，须臾不可放松。当前，四川仍然处于森林草原高火险期。今年以来发生的几起森林草原火灾，再次为我们敲响警钟，提醒我们这场不能有硝烟的“战斗”还远没有结束，还远不能掉以轻心。特别是当前也同时进入了汛期，要坚决防范雨季到了歇一歇、松一松的思想，坚决防范连轴转产生疲于应对的厌倦情绪。归根结底，越是任务繁重越需要十个指头弹钢琴，抓防火不左支右绌，抓防汛不顾此失彼。

行百里者半九十。经过一年的专项整治，四川森林草原火灾发生次数、人为引发火灾数量、受害森林草原面积均实现较大幅度的下降，森林草原火灾综合防控能力和扑救水平明显提升。然而，我们也要看到，森林草原防火进入常态化治理之后，一些“宽、松、软、慢”现象有“抬头”迹象，特别是在中低风险地区，隐患治理、火源管控、宣传教育等方面存在较多漏洞。有的地方排查隐患时，“到过”等于“看过”，“走过”

等于“查过”，以文件代替整改，以汇报代替检查；部分地方防火卡口火源检查形同虚设，有的检查人员虚于应付，拿起火源探测仪糊弄几下；更有甚者，卡口不设防，检查站无人员在岗，高高抬起的道闸杆让人心忧；有的地方防灭火宣传教育不深不实，流于形式，宣传形式单一，宣传效果不佳，仍然停留在“重大节日前开开会，上级检查前突击拉横幅、办板报”。

风险隐于小患，灾害成于大意。多看一眼，安全保险；多防一步，少出事故。森林草原防火工作具有独特的周期性，正是这种周期性，让有的人觉得“年年防火，年年着火”“天天宣传，耳朵长茧”，认为可以放任自流。有的地方存在闯关思想，靠督促推进工作；有的地方存在隔岸观“火”心态，在防灭火工作中不以为意，以为自己身处低风险地区，便可事不关己高高挂起；有的地方还存在防控短板和盲区，防范综合能力还不强，防灭火基础设施建设滞后，没有充分整合“人防”“物防”“技防”资源。打好森林草原防灭火攻坚战、持久战，绝不是轻轻松松、敲锣打鼓就能实现的，不仅要落实各项措施，还要坚决同官僚主义、形式主义、麻痹思想、侥幸心理、畏难情绪作斗争，如果不及时解决思想问题，轻则工作不实、小火不断，重则大火复燃、功亏一篑。

万事俱备，尚需执行。打好森林草原防灭火攻坚战、持久战，是一项艰巨的系统工程，任重道远，不是一朝一夕之事，贵在精准、重在实效。“远见于未萌，避危于无形”，好的政策和措施，就要把问题解决在萌芽之时、成灾之前，有效切断从风险隐患到火灾事故的生成链条。要在运行机制、责任落实、源头防控、能力建设、宣传教育等方面查漏补缺，把每一项措施落到实处。把防灭火职责任务落实到最小工作单元，决不能只停留在纸面上、口头上。要做到分工明确、责任清晰、任务到人、考核到位，各司其职、各尽其责、协调运转、协同发力，确保火源不进山、人员能跟踪，从源头上消除、减少违法用火行为，牢牢掌握主动权、打好主动仗。

火患猛于虎，警钟须长鸣。面对事关人民群众生命财产安全的森林草原防火工作，谁都疏忽不得，也疏忽不起，消除火患不能有任何侥幸心理，必须采取“零容忍”的态度，最大限度减少火灾发生的概率。只有以功成不必在我的境界、功成必定有我的担当，以如坐火山、如临深渊、如履薄冰、如临大敌的警觉，以不怕兴师动众、不怕“劳民伤财”、不怕“十防九空”的韧劲，时刻绷紧森林草原防灭火这根弦，才能切实打好森林草原防灭火攻坚战、持久战。

（2022 年 5 月 5 日　胡嘉岩）

落实“十五条”需要十个指头弹钢琴

近年来各地多次发生自建房倒塌事故，以及今年连续发生的几起重大事故，都造成重大人员伤亡，教训深刻，发人深省，令人反思。

要清醒地认识到一些地区和行业领域发生的重特大安全事故，暴露出安全发展理念不牢固、责任落实不到位、隐患排查整治不力、“最后一米下不去”等突出问题。近日，国务院安委会梳理相关法律法规已有规定、以往管用举措和近年来针对新情况采取的有效措施，制定了进一步强化安全生产责任落实、坚决防范遏制重特大安全事故的十五条措施（以下简称“十五条”）。“十五条”的出台，是对社会对安全生产期盼的针对性回应，是对过去相关规定经过梳理、总结、提炼形成的新部署，是统筹发展和安全重大原则的实践性体现，为安全生产领域提供了“善弹钢琴”的智慧。

“举一纲而万目张，解一卷而众篇明。”弹好一首曲子的前提是全面掌握这首曲子的各个音符，以及所使用的钢琴的特点，分清高音低音，否则就无法弹出美妙动听的音乐，达到事先预期的效果。弹好安全生产这首“曲子”，就是要统筹好安全和发展，牵住责任落实的牛鼻子，狠抓容易引发重特大安全事故的关键环节、关键部位。“严格落实地方党委安全生产责任”“严格落实地方政府安全生产责任”“严格落实部门安全监管责任”“严肃追究领导责任和监管责任”“企业主要负责人必须严格履行第一责任人责任”……此次“十五条”的出台，再次重申了党委对安全生产工作的领导，明确了地方各级政府“职责清单”和“年度任务清单”的任务，强调企业法定代表人、实际控制人、实际负责人对本单位安全生产负总责，宣传贯彻安全生产法，推动“第一责任人”守法履责，为安全生产这张“大网”明确了“纲”，理顺了“钢琴曲”中各个环节的关键“音符”。

守一域谋全局，盯一时计长远。弹好一首乐曲的基本要求是立足于整体和全局，十个手指之间、黑白二键之间相互兼顾、协调配合。做好安全生产工作，既要避免“九龙治水”的尴尬，又要破解“眉毛胡子一把抓”的现实困境。此次出台的“十五条”，再一次强化了“多方共治”，为统筹做好安全与发展提供了有力的抓手。无论是“重拳出击开展‘打非治违’”，还是“严厉查处违法分包转包和挂靠资质行为”，或是“牢牢守住项目审批安全红线”，都是为了抓住了预防重特大安全事故的关键环节，减少关键环节把控不牢靠造成的安全隐患；“着力加强安全监管执法队伍建设”，配齐建强市县两级监管执法队伍，就是为了让安全监管执法队伍变“硬”，让执法检查的“理直气壮”不再因“人少质弱”而无法实现；“重奖激励安全生产隐患举报”，用好政务热线、举报电话和网站、来信来访等多种方式，重奖“吹哨人”是为了最大限度发挥公众的监督作用；“统筹做好经济发展和安全生产工作”，处理好“红灯”“绿灯”“黄灯”之间的关系，避免这三个方面顾此失彼带来安全生产隐患。各地各部门要按照“十五条”要求，建立健全常态化安全生产检查机制，真正带专家带记者定期不定期开展不打招呼、一查到底安全生产大检查，对检查出的问题隐患曝光整改，彻底防范好了伤疤忘了痛、不出问题不重视、不栽跟头不解决；彻底扭转紧一阵松一阵的运动式检查执法，隐患查前查后一样多；彻底改变搞安全就像“打地鼠”哪里冒头打哪里，确保万无一失，真正实现提高本质安全水平。

“不虑于微，始成大患；不防于小，终亏大德。”能否弹好一首乐曲，连奏、非连奏、跳音等细节同样至关重要。一个细节的影响，犹如一石投水，在整个池面激起千层波。随着我国经济社会转向高质量发展阶段，产业结构、产业空间布局发生较大调整，信息化、网络化的急剧发展，让社会空间压缩，经济活动之间的连接更加紧密，鸡犬之声相闻，蝴蝶效应突出，对安全生产提出了更高要求，落细、落小的重要性更为彰显。一些新业态、新技术、新产业不断涌现，让一些安全生产领域出现了监管“真空”，责任边界不清带来的侥幸和懈怠，给相关行业领域安全风险带来了极大挑战。一些地方落实法律法规总是抄作业，上面怎么定就怎么抄，一线工人往往无所适从。要强化精准思维，以“人”这个细节为出发点，积极组织“第一责任人安全倡议书”活动，提升一线工作人员安全素质，提升企业本质安全水平；各地、各企业要结合当地本厂实际像绣花一样制定像“三大纪律、八项注意”一样简单易记、朗朗上口的安全操作规程，破解劳动者面对繁多的安全规章章程无所适从的困境；要借助信息化手段助力生产安全，研究推广违规自动熔断等方面的智能化工业设计，真正守住安全最后一道关口，真正把责任落到实处、落到细处。

越是形势复杂、任务繁重，越需要“十个指头弹钢琴”，越需要持久用力、久久为功。“抓落实就好比在墙上敲钉子：钉不到点上，钉子要打歪。”落实“十五条”，要紧紧围绕“遵守安全生产法　当好第一责任人”，以“钉钉子”的精神，久久为功，朝着既定的方向持续发力，“连钉七八下”，以刀刃向内的决心和刮骨疗毒的勇气，将安全生产“这颗钉子”钉牢，弹好经济发展和安全生产的“钢琴”，坚决遏制重特大安全事故，以高水平安全服务高质量发展。

（2022 年 5 月 9 日　李文超）

家“安”万事兴

2022年5月12日是第14个“全国防灾减灾日”，主题是“减轻灾害风险，守护美好家园”。家庭是社会的基本细胞，是最核心的社会组织，也是人们最重要的精神家园。不管是面对自然界的狂风暴雨，还是纷繁世界中的躁动不安，只要回到家，就是回到了宁静的港湾，也就回到了最安全的地方。但随着当下新业态、新技术的不断涌现，生活对现代化依赖逐渐加深，越是现代的地方越脆弱。像高层建筑、家用电器、新材料和新能源的利用，在为人们带来极大的生活便利和物质享受的同时，也增添了许多危险因素。从大数据样本统计来看，坠落、中毒、刺割伤、烫伤、火灾在家庭意外事故中发生频率最高。在这些意外中，年龄小、经验少、好奇心重的儿童成为最易受到伤害的对象。在冰冷的事故数字背后，有着多少悔不当初的悲恸，那些发生悲剧的家庭在煎熬折磨中经历着怎样的生命无法承受之重。

与其临渴掘井，莫如未雨绸缪。几千年来人类文明发展的历史，也是一部人类不断应对大自然的挑战、不断战胜各类自然灾害的历史。发生灾难固然可怕，比灾难更可怕的是无知。我国目前仍然有近一半人口居住在农村，其中知识文化水平相对较低的留守老人、儿童占多数，他们的防灾减灾意识薄弱，自救互救能力低，亟须普及灾害知识、避灾要点及救援技能，确保他们能够提前预判危险、在灾害发生时可以顺利自救或是更长时间保证自身安全等待救援。不同结果的背后往往是每个人安全意识和知识的差异。“君子不立危墙之下”。首要是有具备发现“危墙”的意识和知识，但这并不是与生俱来的，需要主动学习和培养。安全意识的天敌是侥幸心理。现实生活中，往往有人心存侥幸，只看眼下的风平浪静，没有看到暴风雨即将来临；还有人虽然知道灾害的可怕，却总是认为不会发生在自己身上，闯红灯、电瓶车进电梯……这些明知不可为而为之的行为给灾害事故留够了可乘之机，也让自己成为风险面前的“网中之鱼”。

手中有粮，心中不慌。你永远不知道灾害和明天哪一个会先来，唯有时刻做好防范。我国是世界上自然灾害最为严重的国家之一，灾害种类多，分布地域广，发生频率高，造成损失重。地震、火灾、滑坡、泥石流还有犹如“车轮战”的持续降雨，无一不威胁着人们的生命。如果没有事前的准备，灾害发生时家庭往往无法应对，造成财产甚至生命的损失。人的生命是最宝贵的，犹如单行道，没有回头路。要学会算人生总账、算大账、算长远账，将安全投资作为家庭持续发展的基石，宁可备而无用，不可用而无备，为保证安全的准备和支出相比其带来的收益，都是微不足道的，做好灾害防范就是在守护安全，更是在创造财富。主动查找消除家里的安全隐患、熟练掌握各类应急设备的使用方法、观察熟悉自身所处环境的应急通道……只要时刻做好灾害来临的准备和防范，面对灾害时就一定能将损失降到最低。

“暗潮已到无人会，只有篙师识水痕。”趋利避害是人之本性，掌握自救互救技能却非一日之功。近年来，从整个社会到单个家庭，我们国家对防灾减灾救灾的重视程度不可谓不高，投入力度不可谓不大，群众参与范围不可谓不广。然而，不少灾害事故的人员伤亡，从事后复盘来看，许多是因为安全防范意识不足，自救互救技能缺乏。遇到火情，明明消防器材就在手中，却搞不清开关在哪；遭遇山洪暴发时，明明有时间顺利逃生，却不知道该往哪边跑……最终只能眼睁睁地看着小灾害酿成大悲剧。谚语讲：不蹚河不知水深浅。人员的安全意识再足，救援的装备再精良，关键还是要落实到实际操作中。要知道，虽然一些重大自然灾害，人力是难以控制的，但只要方法得当，人们受到的伤害绝对是可防可减的。在发生过地震的汶川，有的家庭把纸条贴在新发现的裂缝上，当纸条断裂，便迅速做出“即将发生山体滑坡”的预警并疏散村民。重庆酉阳 4

岁的小男孩因为父母日常的教育，在发现家里的投影仪燃火后，用湿毛巾捂住口鼻、拔插头、关电源、拨打119、接水灭火一气呵成，成功处置了火灾的危险，堪称“教科书式”灭火典型。这些案例的手段不算高超，技术并不先进，却把防灾减灾的楔子嵌入家庭的每个角落，尽最大可能降低和消除了灾害给自己和家人带来的伤害。

家，是温馨的，欢声笑语，朝夕相伴；家，是团聚的，缺一不可，三餐四季；家也应该是平安的，这是所有一切的前提。为了父母的寄托，为了伴侣的企盼，为了儿女的心愿，必须清醒认识到灾害事故从来不是“假想敌”，应该时时、事事、处处留意可能出现的风险；也必须坚决杜绝防范灾害中的“没想到”，未雨绸缪做足一切防灾准备；更必须千方百计提升自救互救能力，尽力化解灾害带给我们的伤害和损失，也才能让一家家安宁的灯火汇聚成全社会安全稳定发展的时代之光，向着更加美好的未来进发。

（2022年5月12日　刘洋、胡嘉岩；2022年5月12日《华西都市报》刊载；《家庭应急手册》辑录）

隐患生事故　不能凭运气

关于安全生产，有一种不好的现象，有人认为运气的成分比较大，该倒霉的时候“喝口凉水也塞牙”，总有些因抓安全工作不力而受到处分的人发牢骚、抱怨，怪自己倒霉，运气不好。俗话说“猛药治沉疴，利剑刹歪风”，安全生产需要用制度“常揪耳朵”“常敲磕钻”，不能把安全寄托在虚无缥缈的“运气”上。今年以来，受复杂外部环境冲击等因素影响，交通、建筑、煤矿等方面安全事故多发，造成重大人员伤亡和财产损失，安全生产形势依然严峻复杂。叠加在单调的死亡数字背后，是许多令人十分沉重的人间悲剧。基于此，国务院安委会专门制定了关于进一步强化安全生产责任落实、坚决防范遏制重特大事故的十五条措施。这些措施具有“已有”“管用”“有效”等性质，业内多将其称为“硬”措施。安全生产是一个长期性、艰巨性、复杂性的工作，做好确实不容易。正因如此，才要认真负责贯彻“十五条”措施，彻底摈弃靠“运气”

抓安全的思想，扎扎实实抓严、抓细、抓实每一个安全管理的环节，落实每一项安全责任和安全措施。

责任划分与追究之“硬”。安全生产责任落实在于抓住要害和根本，必须挥动奥卡姆剃刀，剔除无效的、可有可无、非本质的东西。地方党委、地方政府、各有关部门以及企业要各司其职，切实担负起应有之责。对地方党委而言只有坚持党的领导，党委主要负责人亲力亲为、靠前协调，各项安全防范措施才能得到落实；对地方政府而言，包括政府主要负责人在内所有政府领导干部都要有安全生产“职责清单”和“年度任务清单”两个清单，将责任具体到人、到事，明确由谁承担、应做什么、怎么做；对部门而言，按照“谁主管谁牵头、谁为主谁牵头、谁靠近谁牵头”的原则主动担当、不得推诿扯皮。对企业而言，要严格履行第一责任人责任，对本单位安全生产负总责。除上述必担之责外，“严肃追究领导责任和监管责任”一条也体现出“失责必究”的“硬”要求、“硬”原则。

夯“硬”源头和补薄弱处。“盐打哪儿咸，醋打哪儿酸。”在安全生产工作中，必须牵住防范遏制重特大安全事故这个“牛鼻子”，牢牢守住项目审批安全红线、严厉查处违法分包转包和挂靠资质行为、重拳出击开展“打非治违”等措施都是为抓住预防重特大安全事故的源头和关键。安全生产工作是人命关天的事，企业用工的临时性、不稳定性，人员安全意识的偏差性，成为安全生产领域的薄弱环节，要加强劳务派遣和灵活用工人员安全管理，落实企业全员安全生产责任制，提高工人安全素质，提升企业本质安全水平。安全风险不是孤立存在的，而是相互关联、相互转化的。只有将源头和薄弱处夯实补“硬”，才能避免安全生产这个“木桶”的漏洞和短板。

打铁还需自身“硬”。执法检查对安全生产工作来说“兜底”保障，必须硬到底。“坚决整治执法检查宽松软问题”“着力加强安全监管执法队伍建设”分别从对外严格执法和对内加强队伍建设两方面，对安全生产监管执法工作提出“硬”要求。只有执法队伍的水平提高了、装备强化了、专业度提升了，才能在对企业的检查中，查一次起一次的作用，以精准化执法解决安全检查查不出问题的难题，实实在在帮助企业查找隐患问题，将安全事故扼杀在萌芽之中。要建立健全持续检查执法机制，坚决防止一到节点就检查，节点一过就反弹。

赏罚分明“硬核”奖惩。没有无缘无故的事故，事故的前端往往就是隐患。思想意识的隐患是最大的隐患，看不到的风险是最大风险。要想方设法调动群众安全防范主动性、积极性，切实防范认识不到风险、看不到隐患。举报和瞒报是安全生产领域的一对“双生子”。翻看安全生产事故瞒报新闻，不可谓少，让人匪夷所思。这个年代还有“瞒得住”的事？措施应加大对瞒报事故的处罚力度，对初步认定的瞒报事故一律挂牌督办，必要时提级，言简意赅足见惩罚力度之“硬”。与之相对的是对举报安全生产隐患予以重奖激励，攀枝花市最高奖励 50 万元，自贡开展“安全隐患随手拍”活动，真可谓是官方在线“发钱”，极大地调动了社会公众积极参与到事故隐患和非法违法行为举报中来，拓展了全民参与安全生产的路径。

“软硬兼施”确保长效。“十五条”硬措施的制定，看似“化繁为简”实则“力压千斤”，意味着必须执行、不容有失，更不能抓一阵紧一阵，推一下动一下，必须确保长效管用。对部分一线的企业员工、建筑工人、货车司机来说，今天一个规定、明天一个制度，安全生产的“规矩”太多记不住也懒得记。在“生计”与“生命”面前，他们有可能无意识地选择了前者而忽略了后者。要用“硬”措施为一线工作者系上“安全带”，将安全生产落实到“最后一米”。党政部门和行业领域要善用巧劲妙招，运用信息化手段帮助企业研究设计一旦违规操作机器就自动停工的程序、App，让隐患无处遁形，让违规寸步难行，坚决防止“小病”拖成“大病”；要用“软办法”“软服务”落实“硬措施”，运用唯物辩证的思想方法和工作方法，统筹发力、精准发力，使各项工作协调有序推进，坚定不移贯彻新发展理念，以高水平安全着力推动经济高质量发展。

（2022 年 6 月 7 日　胡嘉岩　澎湃新闻转载）

警惕“黑天鹅” 防范“灰犀牛”

地震灾害、山洪、雷击、暴雨……今年以来，我们经历了太多的风险和挑战，有的属于典型的“黑天鹅”事件，极其罕见、出乎意料、影响重大；有的则是因为忽略了大量潜在风险，在习以为常的情况下发生的“灰犀牛”事件。每个“黑天鹅”事件，都潜藏着一个“灰犀牛”式危机，当“黑天鹅”腾空而起，在它的阴影下，是熟视无睹的“灰犀牛”。面对“灰犀牛”“黑天鹅”不时冒出，各种极端情况层出不穷的严峻形势，各地各部门一定要一往无前以求之，从全周期、全流程、全要素进行统筹预防，坚决扛起防范化解重大安全风险的政治责任。

见微以知萌，见端以知末。一个“黑天鹅”事件的发生，背后潜藏着一群“灰犀牛”。只有防范住各个行业领域的“灰犀牛”，不断消除大量“灰犀牛”造成的大小隐患，才能成功遏制住事故这只“黑天鹅”。不难看出该道理与海因里希

300∶29∶1法则不谋而合。辨析“灰犀牛”，要强化风险意识，梳理大小风险，做到底数清、情况明；要树立“桅杆意识”，善于见微知著，增强决策前瞻性预见性；要有“邻人失火，自查炉灶”的觉悟，善于从已经发生的事故中总结教训、增强忧患意识，防患于未然，变事后处理为预先分析，把可能发生的事故消灭在萌芽状态。

明者防祸于未萌，智者图患于将来。防范化解“黑天鹅”和“灰犀牛”风险，需要打好提前量，下好先手棋，做到未雨绸缪，以“时时放心不下”的责任感落实保安全的底线要求。要强化统筹，守一域谋一局，盯一时也要计长远，在责任上再提升，确保做到守土有责、守土担责、守土尽责；要立足当前突发事件处置，也要着眼长远补齐短板，开展“拉网式”“地毯式”风险排查整治，以锱铢必较、一丝不苟的势头扼住事故的喉咙；要完善各类应急预案，组织开展安全生产领域、自然灾害领域应急演练，在应急质量、反应速度、处置方式上提前思考、提前布局。

知之非难，行之不易。真正做到“聪者听于无声，明者见于无形”并非易事。要突出精准思维，提高应急效率，谋划时要统揽大局，操作时要细致精微；要运用更好的监管策略，善用人工智能、大数据等新兴科技手段辅助决策、辅助防范、辅助救援，提升安全管理水平；要用大概率思维应对极端天气和极有可能发生的重大自然灾害，提高预警预报精准度和延长预见期、精准有效识别评估；要制定应对特大暴雨、短时强对流等极端天气风险防范措施，全面提升极端天气风险防范应对综合能力。

风起于青萍之末，浪成于微澜之间。近期在全国范围内发生的几次较大事故，再次提醒我们风险时刻存在，切不可麻痹大意。事后的反应再迅速，也比不上未雨绸缪。要坚持底线思维，坚持关口前移、以防为主，加强评估研判，注重风险预警，及时捕捉苗头，完善安全防范机制，坚决防范一到节点就防控、节点一过就反弹，坚决落实安全生产“十五条”硬措施要求，深入扎实排查化解风险，落实企业主体责任，筑牢安全防线，为党的二十大胜利召开营造良好安全氛围。

（2022 年 7 月 21 日　邓韵）

防范胜于救灾，责任重于泰山

当前我省正处于防汛关键期、高温酷热期和暑期旅游旺季，高温干旱引发森林草原火灾和局地短时强降雨造成山洪泥石流等灾害的风险增大，防灾救灾减灾形势十分严峻。防汛是“天大的事”，要担“天大的责”。进一步拧紧扣牢责任链条，以时时放心不下的高度警觉和更严更细更实的工作举措，竭尽全力守护人民群众生命财产安全。要深刻汲取入汛以来多次山洪灾害造成人员伤亡的教训，抓实抓细防汛减灾各项部署要求落实，切实提高预警预报的及时性、准确性、有效性，出现险情要及时果断采取管控、关停、转移等措施，全力保障人民群众生命财产安全。

针尖大的窟窿能漏过斗大的风。在防汛这件事关人民群众生命财产安全的大事上，思想和行动上一旦有了懈怠，就会出现小疏忽、小漏洞，这些小漏洞如果不趁早补，就很可能漏过斗大的风，酿成大祸。有些地方对“人民至上、生命至上”理念认识不够、重视不够、贯彻不够，风险研判不足，责任落实不力；有的地方和单位工作不走实，面对防汛新形势和新要求，依然采用“上有政策，下有对策”“打擦边球”等老办法；有的地方对“防胜于救”认识不深，没有按照“三避让、三撤离”要求及时转移群众，酿成不良后果；有的地方对微小流域风险监测存在漏洞、区域性会商研判和预警响应联动不到位，没有把谋全局与谋一域相结合形成全周期防范。造成灾害事故的原因可能各有不同，但“病根”大体是相同的，就是防汛责任落实不到位，防汛工作出现漏洞。灾难从来不是假想敌，能不能把漏洞堵好、筑牢铜墙铁壁，事关人民群众生命财产安全。

民心是最大政治，民安是最大责任。防汛抗险救灾，不仅是人类与自然灾害的较量，更是对各地方、各部门组织力、战斗力和凝聚力的大考，既考验防汛抗险救灾体系建设和应急协调管理能力，也考验责任担当精神和为民服务情怀。要始终尊重自然、敬畏生命，始终保持高度戒备，牢固树立“防范胜于救灾”理念，全力做好汛期防汛应急准备工作；要坚持“宁可十防九空，不可失防万一”“宁可备而不用，不可用时无备”“宁可听骂声，不可听哭声”，时刻绷紧防大汛、抢大险、救大灾这根弦，树立底线思维，坚持问题导向；要坚持“以防为主、防抗救相结合”的方针，增强忧患意识，做到应急管理、应急演练、应急物资和应急机制预案“常备不懈”。一旦有预警，要坚决按预案启动响应、转移群众，决不能抱侥幸心理，决不能贻误战机，决不能因疏忽大意造成生命财产损失，以高度认真、高度负责的态度守好万家灯火。

宁可信其有，不可信其无。今年热出新高度，极端天气频繁“关照”，多重困难叠加，多条战线作战，容不得丝毫懈怠和麻痹大意。确保汛期安澜，确保人民群众生命财产安全，关键要以“时时放心不下”的责任感迅速行动、狠抓落实，真正把压力传导到最基层、把措施落实到最小工作单元；要切实加强隐患排查整改，及时储备更新抢险救灾物资，做好各类救援力量和装备准备；要完善细化防汛避灾应急预案，加强应急演练，让干部群众熟悉逃生避险路线；要加强对游客、中小学生等重点群体的安全教育，加强景区、山区、林区、河道等重点部位的警示提醒，提高群众防灾减灾、应急避险意识和能力；要严格落实汛期 24 小时值班值守，及时发布风险预警信息并精准推送；要遵循“三避让、三撤离”刚性原则，做到“上游下雨、中游吹哨、下游开跑”，遇到险情迅速行动，争分夺秒，抓紧转移并妥善安置受威胁区域群众，确保应转尽转，坚决避免人员伤亡。不扎紧制度笼子，不严格按制度办事，极有可能犯更多低级错误。要强化问题导向、结果导向，通过不定期开展突击检查和随机抽查，严查防汛救灾中的不作为、慢作为、假作为、乱作为等形式主义、官僚主义问题，公开通报曝光各地存在的值班人员空岗、天气预警信息传达不及时、防汛隐患整改不到位等问题，督促各级各部门切实扛起使命担当，坚决打赢防汛减灾安全度汛这场硬仗。

防灾减灾是人命关天的大事，是最现实的“国之大者”。各级各部门要尽非常之力、担非常之责、成非常之功，切实提升全社会抵御灾害的综合防治能力，筑牢防汛救灾的铜墙铁壁，确保江河安澜、人民安康、社会安宁。

（2022 年 8 月 16 日　胡嘉岩）

警钟长鸣，要把安全生产责任压实到“最后一米”

近期，全国各地接二连三的事故让人十分痛心，也再次敲响了安全生产的警钟。“邻里失火，自查炉灶”，把别人的教训当作教材，认真分析、自我对照，总结出带有规律性的东西，认真进行整改销号，便能达到未雨绸缪、防微杜渐的效果。揭开事故的“烟尘”，安全生产“最后一米”责任没有落实，往往是发生这些悲剧的重要原因。工厂企业员工、建筑工人、客车货车司机、快递骑手等生产一线人员，他们既是安全生产的最后一道防线，也是安全隐患的“情报员”“监督员”“排查员”，更是安全事故的最主要受害者。牢牢盯紧末端，打通安全生产“最后一米”，落实到最后一人，做到事事有人管、件件有着落、人人有意识，才能最大限度地减少事故发生。

小洞不补、大洞吃苦。大事故开大会，小事故开小会，文件层层叠叠，写在纸上的制度几十上百条，贴在墙上的安全须知密密麻麻，然而事故却时有发生。制度要求层层加码，安全防线却屡屡失守。部分地区和企业贯彻执行上级决策部署不结合实际，满足于照本宣科、生搬硬套、一发了之，安全生产工作上下一般粗，成为“二传手”，最后传到一线员工手上就是几百条，既记不住，也难以操作。如果只是喊喊口号、转转文件，安全生产恐怕还是会在一片“落实”声中落空。安全生产工作归根到底是由一线员工完成的，要做到用制度管人，要夯实基础，强化管理，制定科学、合理的制度，才能形成监管闭环。监管部门和企业要真正下深功夫、啃“硬骨头”，结合工作实际，制定浅显易懂的安全生产制度和操作规程。要按照不同岗位、不同工种的性质和特点，分门别类建立和完善清单，着力简化和优化清单的形式和内容，形成简单易懂好记的口号式、标语式的清单，让各级党委政府领导、部门监管人员、企业员工抬头能见、低头能操作，让一线操作人员记得住、说得明、做得到。要强化企业安全生产主体责任，既要当好制度的“调控员”，又要当好“调度员”，把安全责任分解到人头，把安全规章细化到每一个操作环节、每一个时间节点。

不长牙齿的监管就是“纸老虎”。压紧压实责任到最小工作单元，坚决防范遏制重特大安全事故，仅仅依靠企业和员工的自觉还远远不够，监管作为“有形的手”不能失位、不能缺位。在实际工作中，我们发现，有的地方推动安全生产工作抓纲带目不足，把安全生产监管仅当作“一般性活动”走过场，雨过地皮湿、挂图不作战；有的地方对基层特别是企业缺乏有效的业务指导，造成安全生产工作在贯彻中信号层层衰减、落实常常走样；有的地方安全生产检查走过场、做样子、搞形式，为了检查而检查，为了找问题而找问题，难以发现实质性问题；有的地方对“三违”等屡查屡犯的问题习以为常，对严重违章熟视无睹，查出问题，不想动真、不敢碰硬。要真正让监管长出“牙齿”，各级监管部门既要当好“监督员”，又要当好“裁判员”，动真逗硬。要像抓党风廉政建设一样，坚持把监督作为基本职责，借鉴监督执纪“四种形态”，抓早抓小、防微杜渐，进行适时谈话提醒、批评教育，让“红脸出汗”成为常态；要严格企业内部安全生产规章制度，综合运用严重警告、调整岗位、停职、解除劳动合同、辞退等惩处手段，坚决做到安全隐患事故零容忍；特别要坚决落实新修改的《中华人民共和国安全生产法》有关规定，对违法违规行为，绝不手软、绝不姑息，将压力、震慑传递到“最后一米”。

打鼓打到重心处。科学技术是最活跃的生产力，科技源自人的发展，又能反过来服务人、保护人、发展人。抓安全生产，本质上就是在解决发展中的矛盾。就安全生产而言，自然的阴晴冷暖，场所的大小开闭，员工的喜怒哀乐，管理的松严疏密，都事关成败安危。神仙也有打盹的时候，搞严防死守、人海战术，能防一时，难防一世。以科技引领安全生产，实现从“人防”向“技防”转变，推进“机械化换人、自动化减人”，就会把“最后一米”的人从高风险的生产环节上解放出来，从源头上消除安全隐患。要大力推广应用先进适用的技术装备，发挥物联网和大数据等在事故预防、预测、预警中的作用，做到24小时全天候检测隐患，将事故消除在萌芽状态。要用科技手段为机器设备增加“保险丝”，确保一旦违规操作或危险临近，能及时“熔断”、及时止损。也要清醒地认识到，技术只能赋能，不是全能，不能片面认为“应用新设备、新技术、新手段，安全效果就会好”，只有把创新与提高人的素质有机结合，才能真正保障安全生产。

安全来自警惕，事故来自麻痹。人们对小概率事件通常不以为然，然而当小概率事件降临到自己身上时，就是100%的现实和灾难。现实生活中，有的人天气热了不愿意戴安全帽，有的人自恃车技了得而超速闯红灯，有的人认为自己技艺纯熟而违规操作……事实告诉我们，以侥幸心理来工作最终都会带来不可逆转的伤害。将安全生产责任压实到“最后一米”，就要全面提升一线员工安全生产思想认识防线。目前的安全宣传教育，大都是大而化之的内容，以党员干部为主要对象，内容离一线相去甚远。说教一千，不如示范一次。想要将安全教育入脑入心入行，就要加大警示教育力度，切勿投鼠忌器，对发生过的事故遮遮掩掩。要用辖区内和身边鲜活、及时的案例，教育一线员工和广大群众，达到“一厂出事故，万厂受教育，一地有隐患，全国受警示”的效果。要用家庭温情助力安全生产，将父母爱、夫妻情、儿女心融入安全教育的全过程，上班前嘱咐一声，回到家询问一声，工作忙时看望一下，家人的关心提醒上岗前抬头能看到、工作时低头能想到。安全生产没有旁观者。要加大安全宣传“五进”工作力度，发挥社会群众的监督作用，大力运用“12345”等安全生产监督举报平台，创新推广“随手拍”等网络监督渠道，尽最大努力宣传群众、动员群众，让群众成为“安全员”“纪检员”“监督员”，让那些安全生产领域故意违法犯罪的人和企业，成为人人喊打的“过街老鼠”。

群策为之则无不成，群力举之则无不胜。没有笨功夫，就不可能有真功夫。把安全生产责任压实到“最后一米”，让每个人都将安全责任放在心中、肩头、脚下，更需要久久为功。只要我们每一个人都带好头，牢记“安全重于泰山”，坚持“防患于未然”，我们定能守护好安全这条生命线。

（2022 年 9 月 29 日　胡嘉岩）

以高水平安全护航高质量发展

今年以来，四川遭遇高温缺电、地震多重困难叠加挑战，对经济社会发展产生较大冲击。省委提出“决战四季度、大干一百天”，态度很鲜明，意图很清楚，任务很紧迫。各地各部门要始终聚焦“经济要稳住、发展要安全”，将发展这个“第一要务”与安全这件“头等大事”统筹起来，快马加鞭强能力，同频共振防风险，保持经济安全、持续、高速发展。

健儿须快马，快马须健儿。安全和发展是一体之两翼、驱动之双轮，二者缺一不可、相辅相成。发展是“第一要务”，是解决问题的关键，也是维护国家安全的根本。但在发展的过程中，需要解决好安全问题；如果安全问题处理不好，发展成果就可能会“竹篮打水一场空”。如果一个企业整天出现安全问题，那么哪还有心思来抓发展。只有搞好安全生产工作，才能保证企业正常发展，才能提高经济效益；有了经济效益，安全防范设施才有条件得以保障和改善，两者不可偏废。辨方位而正则。这些年，正是因为树立了风险意识和底线思维，我们才未雨绸缪在经济的高速发展中战胜一次次困难，守护了人民群众的生命健康安全，给社会发展提供稳定的环境。各地各部门必须树牢安全发展理念，坚定高质量发展信心，以“时时放心不下”的紧迫感、责任感、使命感推动安全和发展齐头并进，不断推动经济社会发展更加安全、健康、可持续。

安而不忘危，存而不忘亡，治而不忘乱。没有发展作为支撑的安全，必然难以长久；缺少安全作为保障的发展，必然不可持续。其实，安全生产不是在高速发展的道路上踩刹车，而是确保高速发展行稳致远。磨刀不误砍柴工，抓好安全生产正是经济发展的“磨刀功”，只有把困难估计得更充分一些，把风险思考得更深入一些，把安全生产的工作做足做细做实，各项准备工作有条不紊，人民的生命、社会的稳定、发展的成果才更能有保障；只有生命安全得到切实保障，才能调动激发人们的干事活力和创业激情，经济发展才能走得稳、走得远。我们务必观大局明大势，深化认识“安全隐患”这个经济社会发展路上的拦路虎、绊脚石，把“人民至上、生命至上”的理念落实到经营、管理、监管的全过程，以对生命的永恒敬畏、对红线的不懈坚守，让高水平安全为高质量发展保驾护航。

人到半山路更陡，船到中流浪更急。当前正处于拼经济最吃劲的节点，企业开足马力忙生产、拼效益。如果存在“只要发展、不要安全”的思想，往往易导致事故发生。辛辛苦苦几十年，一朝回到解放前。这将给已有的发展成果造成巨大损失，影响的不仅是企业的效益，还将决定企业的存亡。“针尖大的窟窿能漏过斗大的风”，不少历史教训告诉我们，安全生产任何一个环节不能做到“万无一失”，就有可能导致“一失万无”，面对安全隐患这颗“定时炸弹”，丝毫放松不得、马虎不得。这需要企业将安全责任层层细化，层层分解到厂、到班、到组、到岗位、到重点环节、到重点人员，从上至下扁平化管理，并提前制定有效的应急预案，广泛开展“我是安全吹哨人”“查找身边的隐患”等活动，调动全体职工积极参与安全生产工作。唯有如此，才能将安全生产从“最后一公里”延伸到“最后一米”，切实把风险控制在可接受范围内、把隐患治理在形成之初，把事故消灭在萌芽状态。

不怕巨浪高，就怕桨不齐。统筹发展和安全，必须掌握和运用科学方法论，坚持系统思维，善于“弹钢琴”，做到协调一致、齐头并进。各地各单位要在发展和安全之间寻找动态平衡，清醒认识到：“监管”是手段，“服务”是目标，当有目标时，心中也就有了“一杆秤”，知道如何去平衡与把握，在安全监管中能更加精准、有效，更好地满足发展对安全的实时需求。务必做到管行业必须管安全，管业务必须管安全，管生产经营必须管安全，从精准治理、源头治理、依法治理等方面发力，加强安全生产指导督促，提升安全管理服务水平。要杜绝粗放式、“一刀切”的安全监管，着力消除“看不到、想不到、管不到”的盲区盲点，实现“一企一策”个性化监管、“面心实”的服务，真正做到服务“大局”，服务“整体”经济发展，服务“最广大”人民群众利益，尽心尽责当好守护经济安全发展的“警卫员”。

行之力则知愈进，知之深则行愈达。发展是驱动力，是推动国家和民族继往开来的重要支撑；安全是保障石，是确保国家和民族行稳致远的坚强支柱。我们要正确理解安全发展理念的内在含义，坚持底线思维，强化风险意识，以决战的气势，以大干的样子，以时时放心不下的责任感，在乱云飞渡中把牢方向，在披荆斩棘中攻克难关，在推波斩浪中稳中求进，从严从紧从实从细防范化解各类安全隐患，让“黑天鹅”飞不起、“灰犀牛”冲不动，让发展这个“第一要务”与安全这个“头等大事”并驾齐驱，为“决战四季度、大干一百天”提供安全稳定的社会环境。

（2022 年 10 月 10 日　胡嘉岩）

弘扬革命文化，传承中华优秀传统文化，加快建设新时代应急文化

文化是一个国家、一个民族的灵魂，无形而有力，须臾不可少。应急文化是人们在应急实践中形成的应急意识和价值观、应急行为规范以及外化的行为表现，对群体中人们的应急行为起着持续的影响甚至决定作用。纵观人类发展历史，中华民族能够经历无数灾难而不断发展壮大，是因为家国情怀早已融入中华儿女的精神血液之中，因为有千千万万个中华儿女在大灾面前挺身而出、大爱无疆，因为有连绵不绝的文化激励无私无畏、奋勇向前。如“生于忧患，死于安乐”“居安思危，思则有备，有备无患”“凡事预则立，不预则废”“宜未雨而绸缪，毋临渴而掘井”无一不是应急文化的具象化。当前，受气候变化影响，安全形势更加严峻，安全风险不断增加，灾害易发多发。作为新时代的应急人，我们更加迫切需要坚持不懈赓续红色精神，发扬传统文化，加快建设以“未雨绸缪、居安思危、

敬畏自然、珍爱生命、无私无畏、大爱大义”等为特点的新时代应急文化，构筑精神“长城”、汇聚应急力量、激发奋进之力，应对各种风险挑战，在新时代新征程上展示新气象新作为。

不忘初心，方得始终。“天行健，君子以自强不息。”中华民族自古以来就把不畏艰辛、勇往直前、风雨同舟、万众一心的精神根植于民族灵魂之中。中国共产党立志于中华民族千秋伟业，百年来扎根中华大地，用马克思主义真理激活了伟大中华文明，用中华优秀传统文化、革命文化、社会主义先进文化凝聚成强大的精神力量，鼓舞和激励中国人民为实现中华民族伟大复兴而接续奋斗。建设应急文化，第一要务在于赓续红色精神，发展社会主义先进文化。弘扬革命文化，传承中华优秀文化，这是应急文化的根本源泉。虽然经历革命洗礼的先辈英雄渐次远去，但他们的革命精神和为民情怀必将融入中华历史，融入民族精神，成为指引我们披荆斩棘、勇毅前行的强大动力。建设应急文化需要始终坚持人民至上、生命至上，以人民为中心，大力弘扬中华民族“以人为本”“防患于未然”等忧患意识和“团结奋斗”“自强不息”“舍己救人”等优良传统，继承“对党忠诚、不负人民”的伟大精神，激发新时代应急人无限忠诚可靠、极端认真负责、甘于牺牲奉献、勇于担当作为、善于开拓创新。唯此方能知道“我是谁、为了谁、依靠谁”；唯此方能警醒“我从哪儿来，要到哪儿去”；唯此方能闻令而动，关键时刻挺身而出；唯此方能逆流而上，用血肉之躯筑起救援堤坝；唯此方能枕戈待旦，点亮守护之光。

迨天之未阴雨，彻彼桑土，绸缪牖户。有风有雨是常态，风雨无阻是心态，风雨兼程是状态。建设应急文化，要增强忧患意识，坚持底线思维，做到居安思危、未雨绸缪，这是一种责任，也是一种担当，更是我们风雨来袭、迎战大灾大难时最可靠的力量源泉。历史充分证明，忧患意识任何时候都不可或缺，而且形势越好、发展越顺利，越要克服懈怠情绪、增强忧患意识。面对我省自然灾害多发频发、安全生产形势不容乐观的基本省情，我们所面临的风险挑战明显增多。我们只有进一步增强忧患意识，居安思危，用“以身许国，何时不可为”的勇毅担当，把防范化解重大风险摆在更加突出位置，从最坏处着眼，做最充分的准备，朝好的方向努力，争取最好的结果，掌握应对风险挑战的战略主动，才能推动应急管理事业取得新成就。

人民生命大于天。人民至上、生命至上。护佑生命早已融入民族基因、时代精神。建设应急文化，核心在于把始终以人民为中心，坚持人民至上、生命至上的理念贯穿始终。在党和政府的价值序列里，生命永远是无价的，永远是最高的。这不仅是应急管理部门担负保护人民群众生命财产安全和维护社会稳定的重要使命所决定的，也是我们民族千年来“民本”思想所决定的，更是我们党根基在人民、血脉在人民、力量在人民以及“全心全意为人民服务”的根本宗旨所决定的，已成为“中国之治”最根本的价值取向、最深层的政治伦理。“人民至上、生命至上”体现在“让我上”“有我在”等诠释坚守的话语中，体现在分秒必争的生命光速中，体现在飞夺泸定桥式的救援中。只要有一丝希望，我们就决不放弃、不抛弃，只要是为了人民的生命负责，那么任何代价、任何后果都要担当。

涓涓之力汇成滚滚暖流，点点微光汇就满天星河。每一次突发事件，每一次救援，每一句温暖的鼓励，每一袋有热度的血液，每一笔包含关爱的捐款，每一束守护安全的亮光都是应急精神、应急力量的具体体现。建设应急文化，重点在于提升全民安全意识、增强全民自救互救能力，激发公众对生命的尊重与关爱，奠定应急文化的思想和价值观基础，形成整体应急文化氛围。事实证明，无论是“6·17”长宁地震，还是“9·5”泸定地震，在大灾大难面前，需要广大群众自救互救，更需要无数普通人挺身而出守护生命。只有这样才能达到“1＋1＞2”的效果，才能提高救援的达到率和成功率，从而降低伤亡率。因此，建设应急文化要坚持群众观点和群众路线，坚持社会共治，完善公民安全教育体系，推动安全宣传进企业、进农村、进社区、进学校、进家庭，加强公益宣传，普及安全知识，培育应急文化，开展常态化应急疏散演练，促进人民群众参与应急、支持应急的浓厚氛围。

有的放矢事易成，无的放矢事难成。统筹发展和安全，增强忧患意识，做好居安思危，是我们党和国家治国理政的一个重大原则。各级党委要把应急文化建设工作纳入重要议事日程，加强政治领导和工作指导，一手抓繁荣发展、一手抓引导管理。那些在血脉和文脉中代代传承的文化基因，经过千百年的涵养，才形成了我们今天的精神世界和价值观。建设应急文化，需各级党委政府从长远着手，从当下抓起，坚持不懈，久久为功。需要各级紧盯解决当前应急文化建设存在的突出问题，特别是个别地方把文化建设当软指标，存在重业务不重文化、以业务代替文化等现象。这就需要我们以永远在路上的执着和钉钉子精神，以“咬定青山不放松”的定力，持之以恒地啃“硬骨头”、涉“深水区”、攻“桥头堡”，形成“联合作战、齐抓共管”的良好工作局面。要坚持以人民为中心，推出更多增强人民精神动力的作品，明确各类社会主体的应急责任义务和权利，加强应急标志标识、公共场所应急设施设备配置、应急避难场所建设等应急设施及应急符号标准化建设，打造应急文化主题公园、防灾体验中心和应急纪念馆等，构建分层次、差异化、重实践的全民应急宣传教育体系。

征程万里风正劲，重任千钧再出发。迈步新征程，要把应急文化建设摆在更加突出的位置，建设应急管理共有精神家园，推进文化铸魂，增强应急管理系统凝聚力、向心力、创造力，切实以新安全格局保障新发展格局，为以中国式现代化全力全面推进中华民族伟大复兴贡献自己的全部智慧和力量！

（2022 年 11 月 4 日　谭晶）

远离侥幸　珍视生命

近段时间以来，多地发生安全事故，造成财产损失和人员伤亡。鲜活的生命顷刻而逝、冰冷的数字摆在眼前、无数的家庭坠入痛苦深渊。沉痛教训再次警示我们，生命高于一切，安全重于泰山。岁末年初各类生产经营活动旺盛，元旦、春节前后人流、物流、车流量增大，加之冬季低温寒潮、雨雪冰冻、大雾团雾等极端天气增多，以及部分地区地质灾害易发，各类安全风险隐患交织叠加。只有摒除侥幸心理、时刻珍视生命、树牢“安全第一，预防为主”的意识，才能彻底避免悲剧重复发生、事故反复上演。

侥幸是最大的愚昧和不幸，人生的不幸源自侥幸的累积。人生最大的错误，往往是由侥幸引诱我们犯下的。现实生活中，一些机会主义者认为别人的悲剧永远不会发生在自己身上。“工友不戴安全帽死了，自己不戴安全帽活着；别人闯红灯被撞身亡，自己飙车 180 码没事。”你看，幸运之神总会眷顾我！于是乎在规则面前越来越放肆，对安全隐患熟视无睹，殊不知这种侥幸心理总有一天会带来致命的后果。无数的事故案例证明，面对隐患时绝大多数人认为自己不会那么背，不幸的事情不会落到自己头上，心存侥幸地认为好事、幸运总会眷顾着自己，坏事轮不到自己。但等到事故发生之后，一切都来不及了。“墨菲定律”告诉我们如果事情有变坏的可能，不管这种可能性有多小，它总会发生。做任何一件事情，如果客观上存在一种错误的做法，或者存在发生某种事故的可能性，不管发生的可能性有多小，当重复去做这件事时，事故总会在某一时刻发生。克服侥幸心理就必须严格遵守安全规则。规则是安全带，是保命绳。俗话说：“常在河边走哪能不湿鞋。”那些长期视规则为麻烦、束缚，对其漠视麻木的人，最终付出的必将是血或命的代价。

生命没有彩排，人生没有后悔药。对于反复强调的安全生产问题，有的人总觉得很遥远。甚至有些人，不仅忽视自己的生命，还拿他人的生命当儿戏。开长途货车玩手机的、高空作业不系安全带的、日常工地行走不戴安全帽的、明知隐患一大堆当睁眼瞎的。俗话说“火石落在脚背才知痛”。泰国对于酒驾的惩罚方式是让酒驾的司机去太平间工作，每个酒驾人员在太平间看见肢体不全鲜血淋漓的尸体，看到一个个哭得死去活来的家属后，都发誓这辈子再也不酒驾。这种直接面对死亡的惩罚方式，用真实场景对未来生命进行彩排，给酒驾人员上了一堂刻骨铭心的警示教育课。但是对大多数人来说生命哪有后悔药，不把安全当回事大概率会在太平间直接“躺平”。安全是生命的基石，也是做好一切工作的保障。一旦失去了安全这一基石，就如空中楼阁顷刻毁灭，奋斗失去机会，悔恨为时晚矣。意识决定行为、行为决定后果。安全意识确为人生财富，预防观念蕴含生存智慧。聪明的人往往会根据迹象预见危险，避免不幸。事前要思免后悔。每个单位、企业、厂矿、工地、家庭和个人务必多打预防针、多吃预防药，少做后悔事、少吃后悔药，防在前、想在前、做在前，坚决把风险查在前、把漏洞补在前，让隐患无处遁形，把一切对人的生命安全有影响的因素扼杀在萌芽状态。

责任是安全生产的灵魂，责任是安全生产的前提和基础。大多数安全生产事故背后，都存在安全生产责任不落实或者落实不到位的现象。“安全第一、预防为主”不是一句空话，每个人都要绷紧安全这根弦，每个岗位都要绷紧，每时每刻都要绷紧。只要你是从事生产工作的一员，就应该时刻点亮安全意识的“灯塔”，竖起排除隐患的“雷达”。2021 年新修改的《中华人民共和国安全生产法》也昭示着“全员安全生产责任制”时代来临。企业要坚决杜绝“没有出现安全事故就行”“只要自己不出安全事故就无所谓”“事不关己高高挂起”等思想；要将安全理念贯穿生产全过程，切实做到安全投入到位、安全培训到位、基础管理到位、应急救援到位；要全面开展安全风险辨识，不遗漏每个岗位每个细节，堵住每一个安全漏洞，消除每一个风险隐患，有效落实安全生产主体责任。要严格落实“党政同责、一岗双责、齐抓共管、失职追责”，党政主要负责人亲自负责，行业主管部门切实做到“三管三必须”，加强全过程、全链条安全监管，层层压实安全责任，严防责任悬空。要加大安全监管执法力度，采取“四不两直”“三带三查”等方式常态化开展安全生产明查暗访，依法严肃查处安全生产中的违法违规行为，推动企业依法履责、守法经营，坚决防范和遏制重特大安全事故发生。

生命大于天，安全重于山。各地各部门要时刻保持对生命的敬畏之心，牢固树立“安全第一、预防为主”的理念，不侥幸、不松懈、不麻痹、不厌战，克难化险、守牢底线，统筹抓好发展和安全两件大事，以“时时放心不下”的责任感防范化解重大安全风险，以新安全格局保障新发展格局。

（2022 年 12 月 8 日　胡嘉岩）

杜绝“没想到”　穿好安全甲胄

据有关方面分析研判，今年森林草原火险等级总体较常年偏高，火灾发生的不可预测性增多。布满枯枝落叶的森林隐患四伏，只要存在“松口气”“歇歇脚”，或者盲目乐观思想，稍微不注意，每一片森林都可能成为巨大的“火药桶”。综合来看，随着全球变暖等因素导致的气候环境变化，我们身处的世界成为风险无处不在的“丛林”，倘若没有防灾减灾的甲胄，每一个地方都将危机重重。事前预防好过事后兜底，未雨绸缪好过亡羊补牢，防范危机好过应对危机，推动公共安全治理模式向事前预防转型，建立以风险治理为中心的治理体系，科学精准做好预防工作，才能杜绝“没想到”，才能做到防灾于未萌、处置于瞬时。

利民之事，丝发必兴；厉民之事，毫末必去。民心是最大的政治，防范化解灾害风险就是在守民心、顺民意。一旦发生灾害事故，轻则财产损失，重则人员伤亡、骨肉离散。每一次灾害突发，全国各地都始终把“救人”当作第一要务，这种将群众生命安全放在最高位置的做法，是对生命至高无上的尊重，是出自内心油然而生的人民情怀。防范化解灾害风险就要时时刻刻把人民群众放在心中，不惜代价、毫不迟疑，从而找准方向、少走弯路，得到广大人民的真正支持。在推进防范化解灾害风险过程中，要树立底线思维，不回避矛盾，不掩盖问题，凡事从坏处准备，努力争取最好的结果，做到有备无患、遇事不慌，牢牢把握主动权。分析问题要“宁可信其大、不可信其小”，遇到困扰坚持“宁听骂声不听哭声”，不惜一切代价、排除一切干扰，真正把问题解决在萌芽之时、成灾之前。

宁做事前臭皮匠，不做事后诸葛亮。把防范化解灾害风险这项工作做实做细做好，关键在于未雨绸缪、夯实基础。基础不牢，地动山摇。灾害总是潜伏在我们身边，会以各种突如其来、难以察觉的方式发生。平静的森林里，漫不经心的小小烟头，随意丢弃的塑料瓶，作业时溅出的小火花，都可能造成数万亩山林的损毁；洪灾前松垮的堤坝，在洪水的冲击下土崩瓦解，河流两岸泽国千里；雨季山区的涓涓细流成为玩水消暑圣地，然而上游来水时泥沙俱下，洪流滚滚，带走无数生命……许多人都会以“没想到”表达对灾害发生的无奈和无助。防范化解灾害风险并非灾情来时“冲上去”、灾情去时“退下来”，并非与灾害面对面“肉搏”，更多时候考验的是“图之于未萌，虑之于未有”的能力。过去，我们常讲人定胜天，对灾害风险立足于“抗”，结果可能会造成更大损失。如今，随着对规律认识的不断深入，积极地“防”成为对抗灾害的不二法宝。防范化解灾害风险，必须从大量事故灾害的征兆、苗头、隐患入手，真抓实干，把风险查在前，把漏洞补在前。做做样子、心存侥幸、敷衍应付，只会让风险失控、隐患加重，直至酿成悲剧。要充分调用各方面资源、优势，做到如身使臂、如臂使指，将各项防灾减灾决策部署压实到位，确保责任上心、上肩，推动关键人、重点人做到守土有责、守土负责、守土尽责。要坚持关口前移、源头治理，注重从源头上防范化解重大风险，真正把问题解决在萌芽之时、成灾之前。

打蛇打七寸，挖树先挖根。安全第一、预防为主，就是灾害防范过程的“治未病”。运用科技手段，在“防”上下功夫，就是找准了防范化解灾害风险的“七寸”，是落实“防灾是最大的救灾”理念的有效抓手。面对灾害种类多、频率高、分布广的基本国情，依靠科技助力，构建信息化、智能化、现代化的防灾减灾体系，关系着国计民生，关乎着国家安全。在全国各地一次次同灾害斗争的实践中，我们看到，各受灾地区在铸就人防、物防“铜墙铁壁”的同时，大数据、无人机、现代通信等“技防”力量也在不断充实。以前救灾救人全靠人力，以生命拯救生命，以血肉铸就防线。如今，“耳聪目明”的无人机、“火眼金睛”的救援机器人等成为防范化解灾害风险的先锋队、主力军。防范化解灾害风险的攻坚战，是一场人与灾害赛跑的“信息战”，一系列“科技神器”恰恰“以快制胜”，让远方的水情灾情、地质变化、森林火情等“近在眼前”，让灾害隐患“无处遁形”。电子哨兵“云上”瞭望、“5G＋VR”远程实时观测、北斗高精度监测预警、AI 预测城市内涝……高科技正在重新定义新时代的防灾减灾“战术”，在监测预测、应急处突、灾损评估、灾后重建各个环节中注入的科技力量，让防灾减灾变得更“聪明”。

没有意识到风险是最大的风险。每到夏季溺亡事件频发，众多家庭支离破碎，小火亡人事件时有发生，消防通道被占用比比皆是，违规野外用火屡禁不止……大量事实表明，防灾减灾意识不强、自救互救知识缺乏，是灾害造成人员伤亡的主要原因。提高全民防的意识、提升全民防的能力是应对灾害事故的基础性工作，也许一个不起眼的小知识，就是对人民群众生命财产的全力守护！人人都是自己安全的第一责任人，也是安全的最终受益者。要发展壮大群防群治力量，真正把压力传导到基层、到企业，发动每个社区、每栋楼、每个居民家庭，形成“人人讲安全、个个会预防、随时能应急”的大安全格局。要丰富载体，创新形式，广泛宣传动员群众，提升全社会应对各类灾害事故的防范能力。在扎实开展安全宣传“五进”工作基础上，积极采用现场模拟、人机互动、防灾救灾装备展示等新手段，采取宣传画、顺口溜、微视频等群众喜闻乐见的形式，提升宣传普及工作的可及性、有效性，确保防灾减灾相关知识、技能入心入脑、见行见效。

“备豫不虞，为国常道。”“国家安全是民族复兴的根基，社会稳定是国家强盛的前提。”居安思危，思则有备，常备不懈。我们要坚持政治引领，提升应急理念，认清形势任务，在“制”上夯实根基，在“防”上做足文章，在“教”上入脑入心，如此定能牢牢守好安全底线，答好防范化解风险这道考题，为全面建设社会主义现代化四川营造良好安全环境。

（2023 年 1 月 17 日　李文超）

你们都很了不起

群众过节，应急人过关。今天是除夕夜，还有很多应急人在岗位值班值守、安全巡查暗访，全力以赴防范各种突发事件和安全事故，确保全省人民度过一个欢乐喜庆、安定祥和的春节。一直以来，无数应急人默默奉献，用他们的辛苦指数换回了人民群众的幸福指数。4 年多来，四川省应急管理系统共有 200 多个集体、400 多名个人受到表彰。1 月 17 日，四川举行全省应急管理系统先进集体和先进个人表彰大会，共有 100 个先进集体和 200 名先进个人受到表彰。过去一年，全省应急管理系统围绕以高水平安全服务高质量发展这条主线，着力健全源头治理、应急应对、应急保障三大体系，统筹推进安全提质、防灾提效、救援提能、科技提速、基础提档、队伍提级六项重点工作，有效防范化解了重大安全风险，有力处置了一系列灾情险情，切实维护了人民群众生命财产安全和社会稳定。此次被表彰的个人和集体是其中的佼佼者，荣誉是对他们为党为人民作出突出贡献的肯定与褒扬，也为全省应急管理系统的党员干部立起“标杆”、竖起“旗帜”，激励大家以他们为镜，立足本职担当实干、奋勇前进，敢当新时代应急管理前线的奋进者、开拓者、奉献者。

一个有希望的民族不能没有英雄，一个有前途的国家不能没有先锋。回望我们党的百年奋斗历程不难发现，伟大往往出自平凡。渡江战役中，年仅 14 岁的马毛姐在手臂中弹的情况下 6 次横渡长江运送解放军登岸；抗洪期间，20 岁的战士李向群带病顽强拼搏，4 次晕倒在大堤上，后因过度劳累壮烈牺牲；还有扎根贫困地区 40 余年，创办全国第一所全免费女子高中，帮助 1800 多名贫困山区女孩圆梦大学的张桂梅……他们出身平凡，却都用自己的奉献和拼搏，践行着初心与使命。鲁迅说：“我们从古以来，就有埋头苦干的人，有拼命硬干的人，有为民请命的人，有舍身求法的人……这就是中国的脊梁。”当下，就在我们身边也有这样一群人，在艰苦环境中、平凡岗位上恪尽职守，竭诚为民。那是在高压发电机临近爆炸极限时，用布满血泡的双手艰难切断失控油管的成都消防救援支队胡杨；是 20 余天不舍昼夜奋战，成功建立页岩气平台压裂管控“红绿灯”系统的泸县应急管理局；是致力应急志愿服务事业，不断探索应急志愿服务新路径的蒲飞宇……他们义无反顾投入应急管理、安全生产、防灾减灾救灾的一线战场，不顾一切直面风险和挑战，用心用情传递党和政府的温暖，甚至付出泪和血的代价，换来了社会安定、人民幸福。

看似寻常最奇崛，成如容易却艰辛。时间会铭记每一个艰难的瞬间，亦会铭记每一个平凡人不平凡的奋斗。这些获得先进荣誉称号的集体或个人岗位不同、年龄各异，虽在平凡岗位上做着平凡的工作，却用自己的言行为全省应急管理系统干部职工树立了可亲可敬可比可学的标杆。他们闻令而动，在风险隐患出现的紧要关头挺身而出，全力化解安全风险；他们以身为墙，在灾害事故面前用血肉之躯筑牢抢险救援堤坝；他们枕戈待旦，24小时坚守备勤，用不惜一切的决心捍卫生命至上的信仰……天地英雄气，千秋尚凛然。面对生与死的考验和长时间精神紧绷的巨大身心压力，他们生死较量不畏惧、千难万险不退缩，把对党忠诚化为了具体的行动，在党和人民最需要的时刻舍生忘死，义无反顾地叫响了“我先上”“跟我上”，用实际行动为我们作出表率。但是，他们也是血肉之躯，也是谁的孩子，是谁的父母，在这最好的年华，他们选择用鲜血和汗水浇灌一方沃土，用奋斗和拼搏守护一方安宁。我们要铭记这份平凡的感动，不断向先进看齐，不断增强“千磨万击还坚劲”的顽强毅力与“不破楼兰终不还”的拼搏精神，我们的队伍才会更有力量，我们的事业也才会更加辉煌。

惟其艰难，才更显勇毅；惟其笃行，才弥足珍贵。榜样催人奋进，使命呼唤担当。此次表彰不仅是获奖者个人的荣耀，也凝结着四川应急管理系统全体干部的自豪与热望，记录着四川应急人的奋斗与担当。应急管理工作时刻与风险、灾害、事故作斗争，能打硬仗、敢过险关，在危险处境逆行而上，这是“应急人”的日常。尤其是今年以来，多起地震来势汹汹，汛情旱情接踵而至，安全形势不可小觑，这是考验我们的时候。疾风知劲草，烈火炼真金。越是在艰难困苦时刻，越要坚定理想信念，越要保持十足的干劲，以先进为榜样，以一往无前的姿态、舍我其谁的境界，将工作中遇到的困难和问题当作激发梅花香气的风雪，磨砺宝剑利刃的石头，在违法违规行为面前敢于亮剑，在群众需要的时候冲锋在前，在血与火、生与死的考验中淬炼出坚如磐石的四川应急精神，用热血甚至生命担当起守护人民群众生命财产安全的重责，用永久奋斗的力量续写勇往直前、不负韶华的新华章。

新年新起点，新岁新气象。在万家团圆的时刻，还有无数幕后英雄，“五加二”“白加黑”，始终奋战在人民群众最需要的地方，以实际行动护佑人民群众平安幸福。值此新春佳节，向全省应急管理战线的广大干部职工和家属，以及长期以来关心支持四川应急管理事业的人民群众致以诚挚的问候和新年祝福！愿大家在新的一年里身体健康、阖家幸福、工作顺利、万事如意！

（2023 年 1 月 21 日　胡嘉岩）

增强“时时放心不下”的责任感

做好全年应急管理工作，需要“看得远”，感知风险。“看得远”，是对未来趋势的把握，是一种当云雾没有散开，就能透过云雾看到光明的本领。能否预见未来，及时洞察、准确把握、有效应对各种风险挑战，未雨绸缪，及早谋划，事关大安全大应急框架建设和公共安全治理水平提高，事关经济社会持续健康发展和社会大局稳定。有效防范化解风险，要求应急管理系统的干部保持“看得远”的能力，见微知著、未雨绸缪。要时刻绷紧风险这根弦，常观大势、常思大局，对可能遇到的困难和问题提前考虑、预先谋划，增强工作的预见性。应急系统“看得远”关键要下好先手棋，打好主动仗，努力抢占先机、赢得主动，推动“被动应急”走向“主动应急”。

举目有纲，行动有方。做好全年应急管理工作，需要“看得全”，系统谋划。应急管理覆盖面广，与社会公共领域关联度高，应急管理工作涉及防、抗、救等诸多方面，是一个复杂的系统工程，需要“看得全”，把握整体。没有整体性的谋划布局，没有领域之间的协同配合，就不可能有完善的公共安全体系，不可能有高效统一的应急体系，提高防灾减灾救灾和重大突发公共事件处置保障能力也就如沙滩上的城堡。要强化系统谋划，加强顶层设计，从系统整体性出发，由点到面，展开不同领域、不同层次及其之间关系结构的设计过程。要牢固树立大安全大应急观念，坚持普遍联系、全面系统、发展变化的观点，统筹发展和安全，严格把好规划、建设、生产、运行等各环节安全关，实现安全生产治理模式向事前预防转型，努力实现高水平安全与高质量发展的动态平衡，推动“表面安全”走向“本质安全”。

向最难之处攻坚，追求最远大的目标。大道至简，实干为要。做好应急管理工作，没有捷径，唯有实干。要脚踏实地，埋头苦干，不驰于空想，不骛于虚声；要笃实好学，尊重实际，不违背规律，不盲目蛮干；要求真务实，注重实效，不做表面文章，不耍花拳绣腿。要坚持不懈落实安全生产十五条措施，加强重点行业领域安全监管，开展风险隐患专项整治，坚决防范遏制重特大安全事故。要全面辨识重点风险点，紧盯易发重特大事故的高危行业领域持续发力，以时时放心不下的责任感和事事落实到位的执行力，抓实抓细安全生产工作，全力防范化解重大安全风险隐患。要严格落实“四个责任”，督促铁心布置、铁面检查、铁腕执法，以铁的作风加强监管，切实把责任落到最小工作单元。要在“救”这个主责主业上下功夫，树立"人民至上、生命至上"理念，加强队伍建设、强化装备保障、全力抢险救援，全面提高应急救援处置和保障能力。要明晰权责一致的责任体系、优化协同高效的指挥体系、健全完备的法规制度体系，坚持不懈一级抓一级、层层抓落实，以钉钉子精神一抓到底，推动"见子打子"走向"常规高效"。

群众路线是我们有效应对风险挑战的制胜法宝。在新的赶考之路上做好应急管理工作，要紧紧依靠群众，自觉问政于民、问需于民、问计于民。坚持群众路线，依靠群众、发动群众，大力推动安全宣传进企业、进农村、进社区、进学校、进家庭，充分动员全社会力量参与安全生产共治，夯实安全生产基础，筑牢防灾减灾人民防线。要充分发挥"12345"举报平台作用，不断畅通群众举报渠道，及时曝光负面典型，调动群众参与违法违规斗争，形成共建共治共享工作格局。要坚持末端发力，促进安全生产法律知识入脑入心，提高群众应急避险能力，推动"要我安全"走向"我要安全"。

又踏层峰辟新天，更扬云帆立潮头。站在新的历史起点上，全省应急管理工作者要深入贯彻落实党的二十大精神和省委十二届二次全会决策部署，坚定走好新时代中国特色应急管理之路，以时时放心不下的责任感，推动适应中国式现代化四川篇章要求的应急管理体系和能力建设，以高水平安全服务高质量发展，以新安全格局保障新发展格局，努力在新的赶考路上交出优异答卷。

（2023 年 2 月 6 日　胡嘉岩）

消未起之患　治未病之疾

今年是全力以赴拼经济、搞建设的奋进之年，安全生产面临许多新问题、新挑战，各类事故隐患和安全风险交织叠加，防范化解风险隐患的难度和挑战前所未有。非常时期需要非常付出，在这个“危”“机”并存的阶段，要坚持以大概率思维应对小概率事件，把“安全第一、预防为主”贯穿于各项工作始终，全力以赴防风险、保安全、守底线。

常治无患之患，故无患也。“未病先防”为最佳。孙思邈在《千金要方》中有言：“消未起之患、治未病之疾，医之于无事之前。”治病如此，安全管理亦然。防范化解风险，防范在先，强调的也是“治未病”之术。长期以来，很多人都习惯于因果关系的简单思维，导致预防性的、前瞻性的工作措施缺失，更多的是扮演“消防员”救火的角色，习惯于“头痛医头、脚痛医脚”。事故发生后，大会小会喊一遍，制度墙上贴一遍，常抓不懈念一遍。还有一些人面对他人发生的事故教训以一种旁观者心态“看戏”，把别人的惨痛教训当作“剧本”来看，当闲聊的“谈资”，没有结合实际情况把自己摆进去，没有剖析事故发生的根源，对于这一剂“预防针”置若罔闻，错过了提高自身免疫力的机会。无数血的教训告诉我们，形而上学、就事论事属于愚者的习惯，如同机器人讲话——有口无心，当事故发生在自己身边才如梦初醒，这样会让百姓的安危永远存在于无数新的教训、新的处罚、新的规章的怪圈当中。做好安全工作，一定要按照系统化思维去预防事故，摒弃事后解决的惯性思维，树立关口前移的超前意识，时刻绷紧安全责任之弦，任何时候都不能麻痹大意，任何环节都不能掉以轻心，采取扎实有效的措施，学会在事故发生前动手“预防”，而不是一味被动地“亡羊补牢”。这需要从整体上转变观念，由传统“管事故”的安全管理向重视“管源头”的风险治理提升。

小病不治，大病难医。“已病防变”不可拖。无论政府、部门还是企业，都要担负起自己应该承担的责任，不能置身事外。要用好“杞人忧天”的“望远镜”，深刻认识安全生产工作的艰巨性、复杂性、紧迫性，运用系统思维、综合分析、科学谋划，始终保持如履薄冰的高度警觉，把困难估计得更充分，把对策制定得更周全。用好隐患排查的“放大镜”，利用“三张清单”查大风险，治大隐患，防大事故，对查出的隐患进行系统分析研究。也要像调查事故一样把隐患产生的内在原因调查清楚，把“敌情”分析准，对重大隐患挂牌督办，实行闭环管理，做到整改责任、措施、资金、时限、预案“五落实”，把每一项隐患整改到位。用好排险除患的“显微镜”，把安全生产责任压实到每一名员工。“近水知鱼性、近山识鸟音”，职工身处生产最前沿，对每一台设施设备、每一个生产流程环节都了如指掌，他们最能第一时间发现隐患，哪个环节有异常，哪个设备运转有问题，哪个人存在违规行为，等等。要从制度上、责任上加强一线员工发现隐患、报告隐患、消除隐患的积极性与自觉性，不让小隐患酿成大事故。

伐木不自其本，必复生；塞水不自其源，必复流。“愈后防复发”要重视。病治好了也不能掉以轻心，务必使其断根，杜绝复发。要通过理念、制度、体制、机制、管理手段的改革创新，突出政治观念、智慧应急的有效举措，超前谋划，触及根本。要始终把安全作为经济社会发展的前提，完善安全生产法律法规体系，推动“三个必须”责任落实机制，让各部门在谋篇布局、招商引资、设计建设等方面严把安全关；要继续构建双重预防工作机制，深入推进安全生产大检查以及重点行业领域专项整治，强化企业主体责任，真正把风险摸清楚，分级分类管控；也要充分运用大数据、物联网、人工智能、区块链、云计算、远程遥感等智慧新技术，技防、人防、物防结合，建立“反应灵敏、先进可靠、功能齐全”的应急管理技术平台，实现隐患排查智慧化；要创新监管执法方式，按照“四铁”要求开展“四不两直”执法检查，对达不到标准、不安全的企业，该关的坚决关，该淘汰的坚决淘汰。

楼靠基础坚，体强靠锻炼。预防为主，增强“抵抗力”是关键。走好群众路线，犹如人平时锻炼身体，加强运动，提高身体素质，就会减少生病的可能性。因为群众的力量是无穷的，既然安全生产关系到人民群众的生命财产安全，就要全面宣传发动，让广大群众“运动”起来，充分发挥主人翁精神，让触碰安全生产底线的行为和现象陷入“人民战争”的汪洋大海之中。要坚持群众观点和群众路线，拓展人民群众参与公共安全治理的有效途径，让防范化解风险隐患成为其内在动力和生活方式；要教育和引导群众提高防范化解风险隐患的能力水平，让每名群众都懂安全、会安全，对问题隐患“看得见”“指得出”；要不断建立“吹哨人”和内部举报人制度，加大举报奖励和保护力度，发展壮大群防群治力量，切实增强全民安全生产的“抵抗力”，把事故这个“病毒”防范在外，保证平安健康。

为之于未有，治之于未乱，防患于未然。安全发展是高质量发展的题中应有之义，人民幸福安康是推动高质量发展的最终目的。统筹发展和安全，必须完整、准确、全面贯彻新发展理念，必须坚持更高标准、更严举措，坚决守住安全发展的红线和底线，把发展建立在更加安全、更为可靠的基础之上。要深入贯彻安全第一、预防为主的方针，时刻绷紧安全生产这根弦，把功夫下在平时、推动关口前移，认真开展安全隐患专案调查，真正实现抓早抓小，化解隐患在萌芽状态，解决“病症”在初起之时，有效防止小问题变成大问题、小蚁穴沦为大塌方，切实做到防风险、除隐患、保安全，为拼经济搞建设营造良好安全环境。

（2023 年 3 月 15 日　李文超）

以学促干，在防灾减灾路上建新功

从来防灾路无尽，道是减灾业正忙。四川地形复杂，气候多变，汇集了地震、山洪、泥石流、森林火灾等多种自然灾害。其带来的多种破坏效应对经济社会发展产生广泛而又深远的影响。天灾不可逆，能尽者唯有人事。时下自然灾害易发高发，做好防灾减灾工作刻不容缓。我们要把主题教育与中心工作有机结合起来，把理论学习、调查研究、推动发展、检视整改贯通起来，努力抓好调查研究成果转化，有效防范灾害风险，护航高质量发展。

毒蛇出没，十步之内必有解药。小智治事，大智治制。今年汛期，气候状况总体为一般到偏差，区域性、阶段性旱涝灾害明显，极端的天气事件偏多。眼下这些天，多地都是连续暴雨天气，灾害风险与之俱增，尤需冷静思考分析属地可能发生的灾害类型是什么，特点是什么。这就像是对病毒的毒株进行仔细化验，最后根据毒株特性制出疫苗。换言之，我们必须科学分析研判灾害，根据灾害情况找到“解药”。具体而言，就是要坚持问题导向，做好事先风险排查，把一切可能发生的情况摸到位、做到位；也要对隐患治早治小治了，力争把问题解决在萌芽状态、初生之际，严防风险演变、隐患升级；更要强化会商监测，构建起“技防＋人防”的监测预警格局，在灾害来临前，发出灾害预警预报，提前通知群众开展防范工作，坚持主动避让、提前避让、预防避让的“三避让”原则，确保安全转移避险。

路湿早脱鞋，砍柴先磨刀。很多灾害是突发的，会让人措手不及。每当此时，我们都会担心是否有人员被困甚至伤亡，这是人类与生俱来的对生命的共情。如果灾害发生时，被层层废墟掩埋在深井、被滔天洪魔围困于孤岛、被浓烟和烈火阻挡住生的希望的那个人是我们自己，我们渴望的一定是那不停歇的呼唤、坚强的臂膀和那些橙色的身影。救援的准备必须做，也必须做好，这是对生命负责。大战大考见真章。打好防灾减灾硬仗，灾害来临前，要做到完善防灾减灾救灾工程建设标准体系，提升灾害高风险区域内建筑物和基础设施的设防水平和承灾能力；还要精准前置布局救援力量和物资，精准细化预案措施，严防灾害演变成更大的危害；更要持续加强救灾应急专业力量建设，充实队伍，配置装备，强化培训，开展实战化演练，锻造应急救援的铁血精兵，一旦预判到灾情险情，必须第一时间高效实施抢险救援，及时启动救灾响应，做到快速出动、有力施救。

民齐者强，上下同欲者胜。自然灾害的发生不可阻止、无法控制。当自然灾害来临，保护自身生命安全的关键，便是掌握避灾自救技能。但避灾自救技能不是与生俱来的，也不会凭空拥有，它必须建立在知识学习和实践锻炼的基础上。这便要求我们日常就要重视防灾减灾，以高度自觉的防灾减灾意识不断积累相关知识，增强自救能力。而不是到“防灾减灾日”活动这一天才想起宣传教育这件事，不能在大灾大难来临时才临阵磨枪、仓促上阵，不能“三天打鱼两天晒网”、时松时紧。我们需要清醒认识到，究竟为何防灾。答案一定是为保护群众生命财产安全。群众是我们保护的主体，那就必须突出群众这个“主角”，深入到群众中去，与群众面对面交谈、手把手教授，扎实开展安全宣传“五进”活动，无论黄发垂髫还是豆蔻及冠，做到“火力”全覆盖，加强自然灾害成因、预防、避险、自救、互救等知识普及。让群众积极参与到我们的防灾减灾中来，在灾害来临时，群众就能从容应对，泰然处之。

铁铸新塘三十里，踏歌沽酒看潮回。思危所以求安，虑退所以能进。防灾减灾工作，根本目的还是守护群众安全，群众安全了，防灾减灾工作的意义才能彰显。因此我们所做的一切，都不能姗姗来迟、华而不实、浅尝辄止、草草了事，只有做足了防灾减灾的真功夫，才能最大限度减少各种灾害风险对人们生产生活的影响，切实解决群众急难愁盼问题。只要我们每个人都在自己的岗位做好自己能做的事，深入研究防灾减灾长效机制和有效办法，加在一起就能形成防灾减灾的磅礴合力。

（2023 年 5 月 12 日　赵莲）

这是一条不可逾越的红线

安全无处不在，安全人人相关。2023 年安全生产月启动以来，各地如火如荼地开展了一系列宣传教育活动，推动形成“人人讲安全、个个会应急”的良好氛围。安全生产宣传号角已经吹响，安全生产隐患排查行动已经部署，这是一场只有起点、没有终点的持久战，须臾不可放松、片刻不能懈怠。各地各部门既需要集中推进，更需要动员全社会的参与和企业的行动，既需要在思想上“绷紧弦”，更需要在行动上动员“拉满弓”，真正织密织牢安全生产“防护网”，守护好生命财产安全。

病加于小愈，祸生于懈惰。安全生产的基因是安全文化，安全理念是安全文化建设的重中之重。安全意识淡薄、应急能力不足，是基于多起事故总结出的惨痛教训。态度影响安全，态度促进安全。有的人对安全态度不端正，心存侥幸，忽视安全制度，认为没有那么严重，事故不会发生。殊不知，一个小小的差错就是巨大的隐患，一个小小的疏忽就能中断生活生产的正常运行，一个小小的闪失就能让生命处于险境。紧绷的安全发展思想弦并非凭空产生，而是在一遍遍反反复复的宣传教育中逐步形成的，是在月月讲、时时讲、处处讲中养成的肌肉记忆。要强化风险意识，坚持以大概率思维应对小概率事件，牢固树立底线思维、极限思维，宁可十防九空，不可失防万一。要加强社会监督，舆论监督，推动各级领导干部、监管队伍、从业人员和社会公众关注安全，关爱生命，让安全发展的理念真正入脑入心，成为刻在骨子里的信念，落在行动上的习惯。要持续强化宣传警示教育，用好安全生产月、安全宣传“五进”等载体，积极开展“十大逃生演练”、应急科普知识竞赛等活动，广泛深入开展应急科普“五个一”宣传活动，督促企业主要负责人开展“五带头”宣传活动，深入宣传自查自纠不予处罚，不查不纠从严处罚。要坚持群众路线，大力曝光各类典型案例，做到“一厂出事故、万厂受教育，一地有隐患、全国受警示”，推动防范化解重大风险，促进安全生产水平提升。

知责必躬、履责必实。安全生产是底线、是红线，做好安全生产工作，是捍卫人民群众的生命线、安全线、希望线，是退无可退、必须捍卫的边界线。然而，总有一些人在人命关天的大事面前，认识不清、责任不明，或无所用心、浑浑噩噩，认为发生事故是小概率事件；或凌空蹈虚、蒙混了事，存在安全工作“靠天吃饭、撞大运”的错误想法；或暴虎冯河、一味蛮干，用经验主义和个人喜好凌驾于客观规律；或得过且过、见子打子，习惯于“保姆式”监管，主动排查整治隐患的意愿不强；更有甚者，摆不正发展和安全的关系，对安全放松监管、降低标准，不想管、不会管、不敢管，让本该固若金汤的安全防线变成了“豆腐渣”，层层防守异化为“层层失守”。安全生产是民生大事，一丝一毫不能放松，各级党委和政府特别是领导干部要牢固树立安全生产的观念，正确处理安全和发展的关系，坚守“发展决不能以牺牲安全为代价”这条红线。经济社会发展的每一个项目、每一个环节都要以安全为前提，不能有丝毫疏漏。要以对人民群众极端负责任的态度把基层一线作为安全生产的主战场，主动下沉一线分析研判，加强极端天气监测预警，深入开展隐患排查治理专项行动。要坚持底线思维，始终保持对各类安全风险的高度敏锐性和警惕性，把重大风险隐患当事故对待，从源头上防范化解重大风险，真正把问题解决在萌芽之时、成灾之前。

响鼓还需重锤敲，无事也要常唠叨。安全不安全，主体是关键。企业是安全生产的主体、内因和根本，具有关键性、决定性、根本性作用，安全生产事故的诸多原因中绝对少不了安全生产主体责任落实不到位的问题。“炕房再好，也不能从石头里孵出小鸡”，只有激发企业落实主体责任内生动力，才是抓安全生产最有效的方法。监管部门不能“勤婆婆带出懒媳妇”，不能“上面查，下面看，企业围着转”，企业对风险隐患不能视而不见、见而不查、查而不改。安全与生产，是一对荣损同频的共同体。“今天当老板，明天睡地板”，这是企业负责人对安全生产事故教训的生动总结。作为企业负责人，必须强化安全生产第一责任人责任，不能等、不能靠，做好重大事故隐患专项排查整治，充分认识“自查自纠不予处罚、不查不纠从严处罚”要求。要充分调动和发挥企业的主观能动性，提高基层生产经营单位干部职工的安全素质，提高企业的本质安全水平，对明明有问题却查不出，查出的整改不到位的，要严肃处理，切实构建人人有责、人人负责的安全生产责任链，夯实安全生产的基础。

拎衣要拎衣领子，牵牛要牵牛鼻子。实现安全生产，重在强基固本。现实中，安全事故主要由人的不安全行为、物的不安全状态、管理缺陷或环境因素等原因引起。其中，人的不安全行为是主要原因，资料显示，由人的不安全行为酿成的事故，占事故总量的90%左右。如果能有效管控人的不安全行为，就可以大大减少安全事故的发生。利用科技创新来解决安全生产的瓶颈问题，让安全管理插上智能化的“翅膀”，企业才能实现安全稳定发展。只有构建安全生产人防、物防、技防网络，实现人员素质、设施保障、技术应用的整体协调，才能彻底堵塞“安全漏洞”，打破“安全孤岛”。要大力推进科技兴安，推广使用一些先进技术、先进装备，一些高危行业用机械化来减人，用自动化、智能化来换人，向科技借力，实现从“人防”向“技防”的转变。要把遏制重特大事故作为安全生产整体工作的“牛鼻子”来抓，在煤矿、危化品、道路运输等方面抓紧规划实施一批生命防护工程，积极研发应用一批先进安防技术，切实提高安全发展水平。要利用机械化、自动化技术，以机械化生产替换人工作业，以自动化控制减少人为操作，消除人员在危险环境中暴露和人为误操作带来的安全风险，提高企业本质安全水平和安全生产科技保障能力。

慎终如始，则无败事。安全生产是民生大事，只有把安全生产工作月月讲、天天讲、时时讲、事事讲，做到说与做、知与行的有机统一，所有人员始终都有一双辨识安全风险的慧眼，有一颗狠抓安全生产的决心，有一个严格遵守操作规程的态度，才能使制度建设到位、宣传教育到位、安全投入到位、责任落实到位，才能真正保障人民群众安居乐业，为发展保驾护航。

（2023 年 6 月 15 日　李文超）

汛情就是命令，防汛就是责任

人类在大自然面前十分渺小。暴雨引发山体滑坡，数百万立方土石倾泻而下，所经之处生命皆殁；洪水裹挟着泥沙冲毁农田、房屋，半生积蓄被毁于一旦；被“洗劫”的灾害现场，伤亡者的亲友悲痛欲绝。每到汛期，相似的场景总是不停在上演。思想上一旦心存侥幸，就会放松警惕，应对就措手不及；工作上稍有马虎大意，就会让小患酿大灾，付出更大的代价；转移上一旦厌其烦琐，就会让生命在灾害面前无力挽救，只留下“悔之晚矣”的悲叹。

四川山高坡陡、沟壑纵横、地质条件复杂，多次地震使一些地方岩石破碎、土体松动，形成堆积了大量的松散物源，山洪、滑坡、泥石流等自然灾害发生频率较高。当前正是“七下八上”防汛关键期，强降雨趋多趋频，险情多发易发，防汛形势严峻复杂，防汛任务艰巨繁重。安全度汛大于天，防汛工作不能有一丝侥幸心理，更容不得任何马虎大意，更需要顺势而为，不怕烦、不畏难。

打得赢就打，打不赢就走。自然的威力是极其可怕的，雨情水情瞬息万变，灾害发生往往就在一刹那。多年的防汛经验一再警示我们，山洪、滑坡、泥石流“惹不起”，其所经之处人的生存概率几乎为零。面对这样的情景，与其正面对抗，不如“躲着”防之。多年来，我们总结出不少有效的防汛经验和方法，不论是“防抗救相结合”，还是“防范胜于救灾”，始终都把“防”放在首位，瞄准的目标是“不死人、少伤人、少损失”。及时转移避险是防范自然灾害最有效的方法，但这一应对过程中的一些现象让人深思。只要灾害不出现，总有人当自己是旁观者，或认为自己会是幸运儿。防汛救灾是与时间赛跑，但有的地方倚仗基础设施好，在防范应对方面掉以轻心，贻误了“逃生”的最佳时机；有的群众盲目自信“灾害不会找上我”，无论干部如何劝说都不听，总想在“上天”面前搏一搏；有的群众虽有应急避险意识，却因惦记家中财物不愿转移或中途返回。生命只有一次，任何以生命为代价的赌注和冒险都应谴责和抵制。

不怕小题大做，就怕大题小做。《诗经》用“战战兢兢，如临深渊，如履薄冰”，描述了为政时万分谨慎的心态。对待防汛工作，也应有如此的清醒和谨慎。有一年，某地发布入汛以来最强暴雨预警，并倡议各单位弹性工作、居家办公，“全城都在等暴雨”登上微博热搜榜，结果说好的雨怎么等都不来。每逢夏季防台风，沿海城市都严阵以待，然而有的城市年年防台风，台风却年年与之擦肩而过，市民造“梗”称其自带“结界”。这样小心翼翼、“小题大做”应对之法，我们可以调侃，但不得轻慢，否则就会被狠狠“打脸”。河南郑州“7·20”特大暴雨之前，气象部门多次发布暴雨红色预警，并提出停课、停业的建议，然而相关部门重视不够、“大题小做”，让防汛准备的“关键期”变成了“空白期”，最终导致仅郑州就有380名市民死亡失踪的惨痛结果。对自然灾害的防范，宁可小心翼翼“十防九空”，甚至是“十防十空”也无妨，也不愿在遭受巨大伤亡或损失后，听到有人拿“没想到”“天灾”说事或推责。

未雨绸缪好过亡羊补牢，防范危机胜过应对危机。未雨绸缪、有备无患，这是由来已久的生存法则，也是新时期防范各类自然灾害的有力武器。我们不与自然灾害正面硬抗，但可以在其到来之前，把“防”的工作做到位，力争实现“不漏一处、不存死角”。现实中，有的责任人却对防汛不上心，象征性地看一看、查一查、管一管，致使防汛救灾“安全闸”上的“蚁穴”和“针尖大的窟窿”未能及时被识别出来，防汛救灾错过最佳时机。群众的固有思维难以改变，我们各级党员干部就要练就一颗妈妈心、一张婆婆嘴、两条闲不住的腿，多提醒、多预警、多检查、多演练、不怕烦、不畏难，让群众知险避险，提高抵御自然灾害的主观能动性。这些点点滴滴的预防工作，可能在平时显得多余，在灾害来临时却能派上大用场。

江河水系发达，洪涝灾害易发多发。这样的省情决定了防汛救灾没有高枕无忧之时，防汛工作的日历上没有节假日用来放松。防汛救灾不能靠侥幸，更不能事到临头再抱佛脚，须以“时时放心不下”的责任感将防汛重任扛牢在肩上，更要有久久为功的韧劲和决心，以夙兴夜寐、时不我待的紧迫感和使命感，一步一个脚印地将各项责任措施落地落细落实，筑牢防汛“安全堤”。

（2023 年 7 月 21 日　赵莲）

时刻枕戈待旦，不惧突如其来

当前，我省正处于防汛关键期，面对降雨集中、灾害多发的防汛压力，安全度汛这根弦必须时刻紧绷，不容丝毫松懈。明者防祸于未萌，智者图患于未来。坚持做到雨情一日不止，防汛一日不松，做好隐患排查、预置物资、模拟演练、预报预警等准备，力争早发现、早处理，才能把问题解决在萌芽状态。

凡事预则立，不预则废。雨水情监测预报信息是打好防汛硬仗的重要依据。近年来，面对极端气候导致的各类灾害，各地不断提高预测预报水平，积极采取各种防御措施，努力将灾害威胁和损失降到最低。但是部分地区特别是个别城市地区由于常年没有发生较大洪水，心存侥幸，防范意识差，导致洪水发生时，防汛预警响应机制没有充分发挥应有作用。个别地方虽然提前发布了雨情预警信息，但“说好的暴雨”暂时失约，群众戏谑“下得不大，吓得不轻”，久而久之，对预警预报产生松懈心理，未予以高度重视，直至洪水发生，才措手不及。做好局部突发性强降雨防御，提前做好预报预警，提前部署应对措施，是决定防御成功的关键。要加强防汛调度和值班值守，严格落实直达基层责任人的临灾预警“叫应”机制，早叫醒、早回应，形成保障安全度汛的强大合力。要强化预警响应联动，以最快速度、最优方式传递预警预报信息，针对农村地区、边远山区、城乡接合部等易成灾区域，用人力“扫盲”，通过人工敲打铜锣、摇响报警器、吹口哨等“土办法”，想方设法打通预警信息“最后一公里”，到一处有险全域皆知，确保及时将预警信息传达进村到组、入户到人。

宜未雨而绸缪，毋临渴而掘井。防灾就是最有效的救灾，只有跑在洪水前面，才能赢得防御主动权。防汛工作年年抓、年年做，我们积累了很多经验，认清了其中的一些基本规律。然而近年来受全球气候变化和人类活动影响，灾害的突发性、异常性、不确定性更为突出，如果还抱着老思路、老方法、老手段，墨守成规，突发灾害来临，就会面临意想不到的风险。防汛是实打实的工作，来不得半点虚假，必须把各项防御措施想在前头，准备在前头，预演在前头，真正把预案做细做实做到位。宁可备而不用，不可用而无备。要认真预测分析，圈出“隐患区”、找准“薄弱点”、打好“提前量”，做到心中有数、手中有招、应对有策；要对辖区救援力量物资装备再检查、再确认、再督促，确保全员在岗、全时备勤；要抓好转移避险演练，让群众真正“走一趟”，了解当地山洪风险，熟记预警信号，熟悉转移路线，确保预警一经发出，就能根据既定方案应转尽转、早转快转，为生命争取更多时间。

绳在细处断，冰在薄处裂。“木桶理论”警示我们，工作成效好不好，取决于最短那块木板。防汛中的薄弱环节和短板是巨大的安全隐患，极易造成“千里之堤，溃于蚁穴”的危局，带来不可估量的损失。决不能认为“半程没事就全程没事”，就掉以轻心，也决不可犯经验主义错误，把“每年都是这么干的”当作麻痹大意的“挡箭牌”，从而不考虑新情况新问题。抓紧补短板、堵漏洞、强弱项，做好防汛备汛各项工作，是增强水旱灾害防御能力和风险防范化解能力的当务之急。水火无情，容不得短板弱项，容不得百密一疏。堤溃蚁孔，气泄针芒，隐患排查整改要早，宁可“十防九空”，不可失防万一。要坚持“汛期不过、排查不止”，紧盯山洪灾害风险区、地质灾害隐患点、城乡低洼易涝区、病险水库、涉水景区等防御重点部位和薄弱环节，加强监测巡查，实行风险隐患排查整改闭环管理，做到风险不消除不放过、问题不销号不放过、整改不到位不放过，确保把问题苗头提前化解在成灾前。

人命关天，念兹在兹。当前，在人员转移撤离过程中，一些地区由于长期没有洪水发生，个别群众认识不到位、防范意识低、怕麻烦。即便是已经发布了灾害预警，不少人也只是将其当作事不关己的“新闻”，照常在危险区域生产生活，不愿配合转移撤离，或者在转移后擅自偷偷返回危险区，将防范意识抛之脑后，拿自己的生命当儿戏。一些人在灾难来临时贪恋财物，心存侥幸，不听预警，不顾劝阻，殊不知一念之差可能会付出不可挽回的生命代价。防汛避险引导要早，宁可事前听骂声，不可事后听哭声。要通过微信群、“村村响”广播及抖音短视频等载体，实时发布重要天气预警信息，广泛宣传汛期注意事项，推送防灾减灾和灾后自救工作常识，增强群众主动避险、提前避险、预防避险意识，不断提高群众防灾减灾避险能力，筑牢防汛减灾安全防线，营造“安全度汛、人人参与、人人有责”的良好氛围。

“靡不有初，鲜克有终。”慎初而未能慎终，则功亏一篑。我们正处在防汛关键阶段，要切记洪水还在河道里、在水库里，潜在危险没有解除。要保持坚韧的耐心和定力，严阵以待驰而不息，筑牢底线思维，抓细抓实备汛工作，压实压紧防汛责任，以“时时放心不下”的责任感，确保安全度汛、万无一失。

（2023 年 8 月 7 日　李文超）

警醒！要真正从思想深处敲响警钟、上紧发条

防灾减灾和安全生产是人命关天的大事，也是发展的基础和保障。要深刻认识到防灾减灾和安全生产，重视和不重视不一样，抓和不抓不一样，真正从思想深处敲响警钟、上紧发条，在找准问题和不足中堵上漏洞、补齐短板，保持“时时放心不下”的责任感和箭在弦上的备战姿态，切实把责任压实到最小工作单元、把工作落实到每个细节，坚决守住防灾减灾和安全生产防线。

天下大事，必作于细。看不到问题是最大的问题，查不出风险是最大的风险，不汲取教训是最大的教训。无论是“灰犀牛”事件，还是“黑天鹅”事件，无论是重大风险、全局风险、复杂风险，还是一般风险、局部风险、单一风险，绝大多数会在生产一线、运行现场、基层班组出现细小的苗头、微小的表象、若隐若现的征兆、不易觉察的倾向。因为怕麻烦省略

了作业前的风险辨识、危险作业前不写作业票、不按要求做好危险作业审批报备，图省事不做好安全防护、不按照操作规程要求进行操作……这些违章操作层出不穷，作业人员不是不懂，而是认为安全工作是“靠天吃饭、撞大运”。以前都是那么干也没见出事，现在还那么干肯定也不会出事，只有等“火石落在脚背上才知痛”；有的员工忍气吞声不敢举报隐患，怕被企业开除，秉持着“多一事不如少一事”的想法继续干；有的员工不知道该去哪里举报隐患，举报了之后又怕被上级追究，人身安全不保……打通全链条安全管控“最后一米”，要举一反三抓好防灾减灾和安全生产工作，动真碰硬把各项工作抓实抓细抓具体；要把生命安全摆在第一位，不能有丝毫的侥幸心理，该转移避险的时候要坚决转移、不漏一人；要加强隐患排查整改，全面摸清各类风险隐患底数，实打实地推进隐患整治，避免小患酿成大祸；要严格监督管理，经常性深入基层、深入一线加强业务指导，帮助地方加强和改进工作，采取“四不两直”等多种方式督促推动各方履职尽责，确保党中央和省委的部署要求不折不扣落地落实。

宁走百步远，不走一步险。有的企业经济发展超常规、跨越式，忽视了安全投入，新建的项目出现隐患；安全设施维护费用不提取，或提而不用，职工劳动防护用品不按标准配备，能省即省；受资金的限制，一些企业“因陋就简”，生产设备设施陈旧落后而又无力更新，旧的机械设备存在隐患，进而容易造成因设备设施本质不安全发生的事故；有的企业主要负责人法治意识不强，未履行安全生产法规定的生产经营单位主要负责人的七项安全职责，安全生产主体责任虚化、弱化；有的重经济效益、轻安全生产，甚至违法违规、冒险蛮干。“祸患常积于忽微”。第一责任人松懈麻痹、心存侥幸，触碰了法律底线，也就越过了安全生产红线。安全工作懒不得，更懒不起。唯有把预防防线拉长，提前“做功课”“堵漏洞”，从加大安全投入、消除企业侥幸意识入手，才能从根源上遏制事故的发生。建立完善安全预防长效机制是关键，激发内部举报人参与安全生产监督的热情是方法。要解决一线人员想不到举报、不知道如何举报、不敢举报安全隐患问题，需建立内部安全风险隐患举报及举报保护机制，建立泄露举报信息可追溯机制，依法保护举报人的合法权益，激发一线员工对隐患“看得见”“指得出”的积极性，精准把握问题的“病灶”，通过“找碴挑刺”，争取实现通过查找一个隐患，研究一类问题，化解一批风险。

严是爱，松是害，疏忽大意事故来。安全生产工作一刻也不能放松，每个环节都必须抓得严之又严、紧之又紧、实之又实。安全生产检查是督促落实安全生产责任制的常规手段。各地年年在检查，年初到年尾未停歇，大大小小检查不计其数。检查了这么多隐患，为什么安全隐患还在，事故也还在发生？“麻绳专挑细处断”，不难发现，检查的“标配现象”层出不穷，各地自行检查执法的意愿不强，解决问题的能力和水平不够。往往现场检查走马观花、轻描淡写，汇报会却隆重热烈，把检查执法异化成了一个动作；监管人员碍于情面，抹不开面子，反馈检查结果你好我好，企业也把抓安全停留在口头上、表态上；一些地方安全检查专挑地方好的企业“一探究竟”，对于差的企业却无人问津。如此“说了”等于“做了”，“做了”等于“做成了”，“做完了”等于“做好了”的应付式检查必然掩盖隐患，最终酿成安全事故。追责死不了人，不追责可是要更多人的命。各地要紧盯电力燃气、工矿企业、自建房、建筑工地、道路交通、危化品等重点行业领域，把重大隐患摸清查实，督促相关企业常态化开展自查自纠，建立安全隐患整改台账，确保逐一销号。要摒弃“一日看尽长安花”检查方式，给出企业时间查改，如果不查不改还不报告，必须依法依规严厉处罚。要对企业台账心中有数、盯住不放，检查既突出重点又“不挑特殊”，针对暴露出来的问题查“病灶”、找“症结”、开“药方”，什么问题突出就集中力量解决什么问题，不达目的不收兵，使安全监督检查真正发挥防患于未然的作用，真正做到“上热下烫”。要对失职渎职严肃追责问责，不能失之于宽、失之于软，进一步健全制度机制，加快形成“不敢违、不能违、不想违”的安全工作氛围。

见本而知末，执一而应万。安全犹如阳光和空气，往往受益而不觉，失之则悲恸。必须牢记，没有安全这个“1”，后面再多的“0”也无济于事，安全事故给社会造成的生命财产损失，给人民群众带来的直接的伤害和永远的心痛，远非牺牲安全追求的效益所能弥补。接二连三的惨痛教训不应随着时间流逝而被淡忘，一次次血的教训换来的也不应是短期的严管和警示。安全应是永恒主题，全社会必须行动起来，以“时时放心不下”的责任感防风险、保安全，以“睁眼睡觉”的警觉性穷尽问题隐患、全面排查风险、堵塞安全漏洞，全力以赴确保人民群众生命财产安全。

（2023 年 9 月 4 日　林楠）

不敢违、不能违、不想违

安全生产是企业生存之本，责任悬空是事故发生之源。近年来各类安全生产事故复盘分析都指向同一个问题，企业安全生产主体责任凌空蹈虚、摇摇晃晃。企业是安全生产的主体、内因和根本，根本不牢，地动山摇。遏制安全生产重特大事故发生，必须紧紧抓住企业这个责任主体，让企业认识到“今天玩忽当老板，明天出事睡地板”，克服侥幸心理，推动“不敢违、不能违、不想违”，将安全责任落实到“最后一米”。

安全紧系一瞬间，生死离别两重天。安全是企业的良心，最懂安全、最能查出风险隐患的应该是企业。企业对安全生产重视和不重视、认真抓和不认真抓大不一样。但在现实中，有太多企业负责人要么“东一榔头西一棒槌”，要么“猪八戒踩西瓜皮”，对安全生产工作实功虚做，文件满天飞，口号震天响，但行动跟不上；有的甘做“提线木偶”，相关监管部门来查来催，就象征性地“改一改”，应付了事。归根结底是企业觉得违法成本低，导致他们敢“走捷径”，敢“啃骨头”，会“战法令”，唯独不会把安全放在心里，落到实处。要想从根本上解决企业“不想违”问题，就要帮助企业算好这些账——“亲情离散账”“经济损失账”“停产整顿账”“赔偿罚款账”“形象受损账”“人员追责账”，让他们舍得花小钱、保平安，将“企业要安全、我要抓安全、我要抓好企业安全”的自我意识和行动落到实处。要加大生产经营单位的违法成本，祛除“守法成本高、违法成本低”的顽疾，让新修改的《中华人民共和国安全生产法》应声而落，让“谁敢轻视安全生产，谁就可能被罚得倾家荡产”真正成为现实。要加强安全文化建设，多层次、广覆盖地宣传安全法律法规。企业主要负责人要及时跟进学习相关法律法规，员工要落实“班前 5 分钟安全交底，班后 5 分钟整洁整理”“危险作业工作票”等制度，强化“内生动力”驱动，实现从“你查我改”到“本质安全”的持续改进。

守一而制万物者，法也。要想根治企业责任悬空问题，倒逼企业“不能违”，制度机制的建立健全至关重要。从根本上来讲，现有一些安全制度还未直击企业如何落实“最后一米”责任的“痛点”，没有更有效地驱使企业趋利避害选择遵纪守法，导致企业在必须执行和敷衍遵守方面选择了后者。让违法者“不能违”，就要严格安全准入制度，实行市场准入负面清单，认真执行安全生产许可制度，严格高危行业领域的安全生产准入条件。各级政府尤其要引起重视，不得以招商引资、发展经济为由放宽对安全生产条件的要求。要加大科技化、信息化投入，发挥物联网和大数据在事故预防、预测、预警中的作用，做到24小时全天候检测隐患，用科技手段为机器设备增加“保险丝”，确保一旦违规操作或危险临近，能及时“熔断”，及时止损。要大力实施安全生产保证金考核激励制度，按照各企业规模、行业危险性等因素综合考虑分档次缴纳安全生产保证金，年终按考核结果返还本金，按照考核结果奖励企业安全生产有功人员，形成奖罚分明、有奖有惩的良性发展局面。

一发不可牵，牵之动全身。企业主体责任落实不下去，全链条监督不完善是外因。从监管部门来讲，一些地方安全生产检查多、执法少，监管执法失之于宽、失之于软。检查出事故隐患，执法跟不上，手下留情，一些企业就会置若罔闻，出现企业落实安全生产主体责任时的“破窗效应”。从社会层面来讲，有些地方还未建立“吹哨人”制度，有些地方建立了制度但执行不到位或者执行过程中存在泄露“吹哨人”信息，造成“吹哨人”被其所在企业打击报复。从企业内部来讲，有的企业没有建立良好的激励机制，有的员工没有动力举报隐患，就算想举报隐患不知道该去哪里举报，举报了之后又怕被上级追究。解决企业“不敢违”问题，要在监管上下功夫，在每个环节对企业安全生产行为安装“摄像头”。要完善监督、举报通道，鼓励社会各界、媒体积极参与事前事中事后安全生产监督，对发现、举报、曝光违法生产行为的个人给予奖励，并严格保密举报者信息。要建立本企业内部安全风险隐患报告奖励制度，完善核查及奖励兑现机制，让职工清楚“向谁报告、报告方式、报告内容、报告有奖”，对员工报告的安全风险隐患或问题线索，及时组织核查，核查属实的给予奖励，鼓励全员争做“吹哨人”。

知责必躬、履责必实。当前，在高质量发展的背景下，防控安全风险隐患的任务更加艰巨，不仅考量各级党委、政府和监管部门的执行力和创新力，更考验企业的安全生产自觉性。企业无论从严格落实责任到深入排查风险，还是从依法依规办事到有力应急处置，都要敢于自我革命，早日实现主动安全，常抓不懈、久久为功，确保安全生产责任“不悬空”“真落地”，有力推动安全生产各项工作落实到位，切实走出一条安全管理的新路径。

（2023 年 11 月 7 日　林楠）

预防为主，生命至上

安全事关千家万户，需要人人参与，防患于未然。安全生产的基因是安全文化，安全行为是安全文化的具体表现。今年是第 32 个全国消防日，要紧紧围绕“预防为主、生命至上”主题，分众化、大众化、互动式开展科普宣传，创新出高质量、易传播的安全科普宣传产品，让大众在润泽人心的氛围里，养成随时保持警醒的习惯、熟练掌握应对灾害事故的“救命之方”，在危险来临时“乱云飞渡仍从容”。

到什么山上唱什么歌。有言道，“射箭要看靶子，弹琴要看听众”，跟老百姓对话沟通，必须因“人”制宜，让他们听得进去，接受得了。身处当前这个数字时代，信息触手可及，传播速度加快，好的安全科普作品内容应该“即时轻量、解渴解忧”。朗朗上口的顺口溜、短小精干的微电影、妙趣横生的小游戏等都是将应急科普知识融入叙事和互动当中的好载体。今年以来，四川推出的《地震，如果发生在你身边……》《逆转人生》等作品接连被评为全国优秀科普微视频、2023年全国十大逃生演练科普视频，就是因为这些作品将知识性、趣味性和可传播性有机融合在一起。除了喜闻乐见，力求通俗也很关键，应该尽量避免使用专业术语，才能起到接地气、聚人气的效果。例如，在一些偏远农村，掉进化粪池事故盲目施救导致多人死亡的悲剧接连发生，原因大多数是“无知”和“不懂”。如果用生硬的知识去阐述“沼气的成分包括甲烷、二氧化碳、氮气、氢气、一氧化碳、硫化氢等，人吸入后会发生中毒，会因为中毒程度的不同而症状不同”，这样的普及效果肯定是不尽如人意的，但要是换一种说法：“化粪池里会中毒，没有看护不进入；人掉下去不慌救，先打120求帮助；快点通风散毒气，再用鸡鸭来试毒；小心谨慎棍子够，麻绳也能拽得出；不要冒险往下冲，白丢一命真糊涂！”如此像说相声一样把知识点讲出来，将有更多的人愿意听，从而让更多人受益。如再把这些科普知识演成情景剧，活灵活现还原中毒全过程，可以使安全意识更加深入人心。还有诸如森林防火的“上山一把火，下山派出所”，交通安全提醒的“宁绕百米远，不冒一步险”，企业安全警示的“上有老，下有小，出了事故不得了”。这些喊话也好，标语也罢，人情味烟火气十足，全是老百姓听得懂的质朴表达，能真正达到效果。

心中醒，口中说，纸上作，不从身上习过，皆无用也。四川有句俗语：“只有打在自己身上才知道锅儿原来是铁倒的。”

安全科普的内容都关乎生命，但生命只有一次，没有试错的机会，一起事故或灾害落到每个人身上都将是不可挽回的。这个特性决定了做好安全科普的同时，也需要做好“警示”。谁都知道过马路不能闯红灯，但多少人因为赶时间不顾规则的约束。这是因为他们对后果抱有侥幸心态，总觉得不会发生在自己身上。我们需要通过警示教育片、公布典型案例来点醒“梦中人”，产生“当头棒喝”的震慑效果。看到一条条鲜活的生命在一瞬间离世的真实场景，没有夸张，没有虚拟，就发生在我们身边，心灵肯定会被震撼，会更加珍惜生命，会更遵守规则。将“要我”转变为“我要”以后，还要实现“我会”。安全是一门“技能”，知识如同“心法”，实践就是“招式”，需要发动群众积极主动参与进来，把“心法”和“招式”一起融会贯通，才能真正成为有自我保护能力的“武林高手”。就拿灭火器的使用来说，有很多人使用方式背得滚瓜烂熟，拿着灭火器却不会用，真正遇到火灾时慌乱不已，不仅灭不了火，自身还容易受到伤害。因此，不仅要普及安全知识，更要鼓励群众把安全知识转换为实操。今年 5 月，四川举办了首届大学生防灾减灾知识竞赛情景模拟比赛，组织全省高校学生围绕城市火灾、地震、泥石流、交通安全、居家安全、森林火灾、山洪、城市内涝 8 个板块进行情景模拟逃生，身临其境讲述巧妙应对灾害事故的方式方法。同学们准备比赛的过程也就是学习的过程，不仅了解了应急知识，更是把学到的知识用到实实在在的情景中去，真正掌握并向身边人传授了灾害预防知识和自救逃生技巧。这就很好地实现了由“我说你听”的单向式科普宣传转为参与实践的动员式科普宣传，广泛运用新兴的组织方式催生新的宣传形态，让社会公众从安全宣传、科普宣传的接受者变成生产者和传播者，以便在灾难事故来临时，所有人都能沉着应对，有效逃生。

熟读唐诗三百首，不会作诗也能吟。安全科普在“科”，更在“普”。不管白猫黑猫，捉住老鼠就是好猫。要好好利用现有的应急科普宣传阵地，推动科技场馆、教育基地、灾害事故遗址等场所设施设立安全专区，把防灾避险科普知识纳入常态宣教内容，促进沉浸式、互动式、体验式安全教育的常态化、大众化。省防灾减灾教育馆利用科普大篷车“馆馆巴士”将安全科普知识浓缩打包，走进偏远地区的社区、企业和校园，在寓教于乐中强化安全意识；乐山充分利用应急科普栏目《喜哥话应急》，宣传安全生产知识和个人安全防护技巧；绵阳成立“安全宣传志愿服务队”，80余辆快递三轮车张贴安全宣传标语，快递车成了安全“流动宣传站”，快递员则成为安全知识“流动讲解员”；宜宾的彝族护林宣传员们骑着骏马，用彝汉双语向沿途村民宣传森林防火知识，让彝族群众对森林防火宣传更加“上头”……安全科普宣传工作是做人的工作，人在哪儿工作重点就在哪儿。只有受众广、影响大，才能形成点、线、面相结合的科普模式，也只有内容实、样式多，才会创造实现效果最大化，这都需要我们在润物细无声中，潜移默化、久久为功。

浇树浇根，教人教心。做好安全科普工作，就是在做救人的工作。虽然随着时代的发展，科普的形式一直在不断变化，群众的意识也在从“要我”到“我要”再到“我会”转变，这是自我防护意识的觉醒，更是人民群众对高质量安全科普宣传提出的更高要求。我们要广泛普及安全知识，扎实开展安全培训和应急演练，大力培育安全文化，推动各级领导干部、监管队伍、从业人员和社会公众关注安全、关爱生命，让“人人讲安全、个个会应急”落实到每个单位、每位群众的行动中，引导大家当好安全生产的第一责任人，时刻保持如履薄冰、如临深渊的警醒状态，树牢红线意识和底线思维，克服麻痹思想和侥幸心理，努力画出安全生产最大“同心圆”。

（2023 年 11 月 9 日　胡嘉岩）

严查严处四不放过
追责问责决不含糊

岁末年初历来是事故多发期，近5年来全国有三分之一重特大安全事故发生在第四季度。安全生产是人命关天的大事，须臾不能忽视，片刻不可马虎，分毫不可疏漏。各地要深入反思短板不足，举一反三切实按“双归零”“四不放过”要求拿出过硬措施。出了安全事故，事故原因不查明决不放过；问责要“较真”“叫板”，发挥震慑效应，责任人员未处理决不放过；血的事故教训决不能再用鲜血去验证，整改措施未落实决不放过；一厂出事故、万厂受教育，一地有隐患、全国受警示，有关人员未受到教育决不放过。

动员千遍，不如问责一次。每一起事故教训都是用生命和鲜血换来的。公认的“四不放过”原则，其中重要一项就是“责任追究不放过”。这里的“责”，既有安全生产把关不严之“责”，也有瞒报迟报漏报之“责”。这些责任，对应的也不仅是企业主，还包括负有监管之责的职能部门。我们要看到，个别地方思想上认为安全强调过多，占用时间过多，浪费精力过多。一些地方对事故毫无敬畏，对生命极度冷漠，对安全事故处理存在“雷声大、雨点小”的现象，往往是上级交办才督办、媒体曝光才追究、领导批示才问责，主动问责少、被动问责多，失责必问、问责必严没有成为常态。有的地方斗争精神不强，不敢动真碰硬，不愿拉下脸来追责问责，宽松软虚问题仍然突出，安全生产仍处于爬坡过坎期，问责只是手段，负责才是目的。安全工作决不能失之于宽、失之于软，要有硬措施、硬办法。要始终保持高压态势，加强事前问责，严肃事故问责，抓住关键点、惩处关键人，做到追责问责不打折扣、不留情面，形成强大问责震慑不能有丝毫松懈。要下得了狠心、动得了狠手，对“三违”人员，必须严肃处理，决不手软。各级监管部门要顶得住压力，抗得住人情，发扬“铁手腕、铁心肠、铁面孔”精神，甘于唱黑脸，坚决杜绝安全追责上的“宽松软”，当好守卫安全的“铁面人”，以严格的管理确保一方平安。

不破不立，不塞不流。企业对自身的情况最了解，安全管理效果如何，哪里问题最突出，隐患整改结果怎么样，大部分都能做到心里有数。总有一些企业摆不正发展与安全的关系，只想赚钱不愿为安全投入，想尽办法钻监管检查的空子，揣着明白装糊涂，既没有积极主动的内生动力，更没有壮士断腕的决心。面对“四不放过”原则，自行“打折扣”、走过场、选择性落实，导致事故原因难以查清，从而埋下祸根，事故责任人得不到相应的处理因而难以接受必要的教训，相关人员难以受到必要的教育而无法从中总结经验，整改措施难以制定，更别说实施了。针对选择性落实生产安全事故“四不放过”原则的企业和个人，需要强制性，需要规范性，需要施重典。要加强企业、企业主要负责人、企业管理人员法制引导与专业培训，抓住企业安全生产第一责任人这个“关键少数”，完善安全生产第一责任人监管机制，使其发挥正向引导作用。要畅通举报奖励渠道，充分发挥企业安全“啄木鸟”作用，曝光违法违规行为，激发企业内生动力。

亡羊补牢，为时未晚。严查严治，落脚在整改。出现问题不可怕，怕的是不改，不及时改。安全隐患久拖不改，或者整改不到位、不彻底是导致安全事故的重要原因。现实中出于短期利益和侥幸心理影响，企业经营者往往对事故隐患视而不见，在重大事故隐患自检自查过程中避重就轻。更有甚者，视监管于无物，采取“打游击”战术，把检查提出的整改措施“束之高阁”。企业整改隐患如果东一榔头西一棒子，必定是拆了东墙补西墙。发现问题，整改问题，才能消除隐患。要深入开展重特大事故整改措施落实情况“回头看”，对存在的安全隐患要做到不放过一个隐患苗头，不留下一个安全死角，进行认真梳理，逐一评估，逐一登记建档，分清隐患的轻重缓急。

对存在的一般安全隐患，必须责令其现场整改到位；对存在的重大安全隐患，必须立即责令限期整改；对存在的特别重大安全隐患，必须立即停产停业整改，直到整改合格方可恢复生产，否则不予放过。唯有高擎整改之剑，层层压紧压实责任，倒逼有关人员激发出责任心，才能“防”“治”到位。

安全生产是底线，是红线，是生命线。安全工作不能搞一阵风，不能严一阵、松一阵。要形成动真碰硬的风气，抓反复，反复抓，持之以恒，坚决落实“四不放过”原则要求，切实解决“追责问责宽松软”的问题。

（2023 年 12 月 5 日　李文超）

征程永无止境，奋斗未有穷期

使命在肩、初心如磐。站在岁末年初的交汇时节，我们回望来路，每一个拼搏的日子都闪闪发光，每一段难忘的记忆都温润人心。在这些记忆中，有林间山头巡逻巡护的身影，有矿井深处排险除患的执着，有千沟万壑里避险转移的坚定，有炙热火海中永不言退的豪迈……走过风风雨雨，越过沟沟坎坎，成绩难中求成，难能可贵。

知责任者，大丈夫之始也；行责任者，大丈夫之终也。应急管理事业一头连着经济社会发展，一头连着千家万户，社会关注度极高，安全之弦，缺一段、松一分，都将造成难以挽回的损失。应急管理部门为人民而生、为人民而建、为人民而战，这就要求我们必须把“人民至上、生命至上”作为根本价值遵循。肩上有责、脚下有路，正是这份责任，让我们应急管理人不惧风险挑战，不怕惊涛骇浪，把人民扛在肩上，把忠诚铭记于心；正是这份责任和担当，让我们顶住了百年未有之大变局加速演进对安全生产造成的冲击，顶住了全球气候变暖背景下我省极端天气事件多发频发重发的冲击，安全风险防范取得新成效，抢险救援救灾夺取新胜利，应急管理体系和能力建设迈出新步伐，干部队伍建设开创新局面，取得新的历史性成绩。新的历史坐标，迎来了新的梦想和向往。应急人要始终把“国之大者”放在心上，以“时时放心不下”的责任感，除隐患防事故，战洪水抗地震，严执法细服务，以实际行动和成效为党分忧、为国尽责、为民奉献。

士不可以不弘毅，任重而道远。履行“赴汤蹈火，竭诚为民”的誓言，能力是关键。我们的应急管理事业，需要干部的思路理念、知识结构、能力水平与时俱进，需要职工的文化基础、眼界视野、专业水准符合新的要求。要清晰地看到，与人民群众日益增长的安全需要相比，我们的能力还有明显差距，还存在明显的短板和弱项。历史的长河奔腾不息，前进的步伐永不懈怠，应急管理事业需要在同各类突发事件斗争的过程中产生学习效应，做到“打一仗，进一步”。要始终保持“本领恐慌”的紧迫感和“能力不足”的危机感，向历史经验学习，向专业行家学习，到重大灾害事故一线去经风雨、见世面、长才干、壮筋骨，敢于担当，主动挑最重的担子、攻坚最难的问题、直面最复杂的斗争，多做几回热锅上的蚂蚁，多捧几次烫手的山芋，不断提高推动安全发展、解决实际问题的能力。要坚持系统思维、法治方式、强基导向，统筹优化城乡应急管理体系，提升城乡防范应对能力，夯实城乡应急基层基础，狠抓基层末梢责任措施落实，深入开展各类风险隐患治本攻坚，健全完善专业应急救援力量体系，推动防灾减灾基础设施建设，持续增强城乡安全韧性，让基层群众的“安全清单”变为应急管理工作的“行动清单”。

应众之意，及人之急。冒着高温酷暑，汗流浃背的监管人员在危化品罐区爬上爬下，瞪大眼睛查找风险隐患；夜深人静之际，许多地方的应急指挥中心灯火通明，一道道指令接连发出；顶着狂风暴雨，一个个橙色身影在最危险的地方冲锋陷阵……应急管理具有高负荷、高压力、高风险的特点，应急救援队伍风险很大、牺牲很大。裂土重建，谁让人间值得？凛冬守夜，谁在点燃篝火？为众人抱薪者，不可使其冻毙于风雪。要大力培树先进典型，广泛宣传先进事迹，发挥榜样的示范引领和带动作用，形成崇尚英雄、争做英雄的良性机制，增强全社会对应急管理的职业尊崇。要建立激励机制，进一步完善与准军事化管理相匹配的保障，完善医疗救治、心理康复、疗养、保险和抚恤优待等制度，健全职业荣誉体系和表彰奖励制度，不能让应急人流血又流泪。

踏平坎坷成大道，斗罢艰险又出发。回首来路，拼搏奋斗的旋律铿锵激越；眺望征途，再谱新篇的奋进激荡人心。新的一年，全省应急人要牢记初心使命，砥砺奋进、勇往直前，不畏开局之苦、勇克创业之艰，忠诚履职、竭诚奉献，激扬“而今迈步从头越”的豪情，历练“咬定青山不放松”的韧劲，发扬“追风赶月莫停留”的斗志，用智慧和汗水铺就前进道路，奋力为新时代应急管理事业作出新贡献。

东风抒余庆，日月开新元。祝我们伟大的祖国繁荣富强、国泰民安！祝大家在新的一年里工作顺利、身体健康、平安幸福、万事如意！

（2023 年 12 月 29 日　李文超　澎湃新闻转载）

大胆管理才能从容应急

一年三百六十日，多是枕戈待旦行。与自然灾害赛跑、与突发事故较量、与安全隐患搏斗，应急人始终绷紧弦，救援不止、查患不停，不停奔忙、闪转腾挪，哪里需要哪里搬，哪里有急哪里应，让应急人疲于应付、苦不堪言。见子打子只会“按下葫芦浮起瓢”，唯有学会“十个指头弹钢琴”，才能“大珠小珠落玉盘”。做好新时代应急管理工作，要学会运用“望闻问切”，树立系统思维强化管理，重塑机制标本兼治，夯实基层基础扶正固本，以治未病的方式科学高效做好应急管理。

不治已病治未病，不治已乱治未乱。应急管理是与自然灾害和人的不安全行为作斗争，涉及领域多、工作战线长，如何管理是应急人面对的课题，也是关系工作成效的关键。实际工作中，不少地方“谋一域”居多，“被动地”重点突破多；“谋全局”不足，“主动地”整体推进少。要防止畸轻畸重、单兵突进、顾此失彼，不能面临一个棘手问题、遇到一个较大事件就成立一个专班专组，不能发生一起事件就开一次会议、下发一个文件、搞一次督查，不能让各责任单位和个人准备材料、填补漏洞迎检，成为大家心照不宣的默契。短期来看效果不错，长远来看不过是在东扯西扯，重复“头痛医头、脚痛医脚”的套路，让应急人在应急的道路上蒙眼狂奔。要树立整体观念，不断提高战略思维、历史思维、辩证思维、系统思维、创新思维、法治思维、底线思维能力，统筹兼顾、综合平衡，善于抓住关键、找准重点，避免“眉毛胡子一把抓”，防止只就一点不及其余。要坚持预防为主，像“飞行员手册”之于飞机一样用好“清单制”，只需照单逐条落实，做到眼到、口到、手到，便能避免履职时“头晕目眩”。要把人民群众动员起来，让他们参与应急管理的全过程、各方面，自发监督身边的不安全行为，让风险隐患无处可藏，努力形成上下一盘棋、一条心的群防群治格局。应急管理是一项艰巨的系统工程，不是一朝一夕之事，必须统筹推进应急管理理念、技术、管理、应急、文化等方面创新，综合运用法治、科技等多种手段，在落实上常抓不懈、久久为功。

纲举而目张，执本而末从。高耸入云的大厦仅靠独木一根难以支撑，而应急管理部门承担了多项职责，工作任务重，仅靠单打独斗也是行不通的。“家有千急”时，更需要统一的调度、协调和发力。现实中，应急管理部门在有的领域既当“裁判员”又当“运动员”，监管执法时往往投鼠忌器。在一些专业领域，基层应急管理部门有职责却没技术、没队伍，在抓实前端预防时往往心有余而力不足，只能以形式主义应付官僚主义。如果没有专业部门和专业技术人员进行更加周密的检查，没有第三者的监督，就发现不了真正的风险、解决不了真正的隐患，排查就会沦为“走马观花”。还有些地方在统筹指挥应急救援队伍平战结合时仍不时存在“中梗阻”，难以实现“救早救小”“打早打小”，只能把应急当常态。想要做好管理，推动公共安全治理模式向事前预防转型，就要辨证施治，找准“病灶”下对药，重塑机制标本兼治，以免过一段时间又“旧病复发”。要统筹好所有的资源、队伍，让零散的力量凝聚起来，由当地党委政府统一指挥调度，一级抓一级、层层抓落实，实现从“物理相加”到“化学反应”的转变，甚至达到“1＋1＞2”的预期效果。要把各部门的思想和行动统一到人民至上、生命至上的“国之大者”上来，而不是心心念念各自的“一亩三分地”，精于各自利益得失的算计。要破除“山头主义”，把千根线拧成一股绳。要让专业人做专业事，对于一些专业领域，相关部门已经有一套成熟的机制、一支专业的队伍，要充分发挥他们的专业优势，紧盯细节、发现问题，深入开展各类风险隐患治本攻坚，提高源头治理能力。

基础不牢，地动山摇。应急管理部门是同老百姓接触最多、联系最紧密的部门之一，应急管理工作点多线长面广，很多通过“责任状”等方式“关口前移、重心下移”，落在基层，

“领导重视”往往过多地停留于“纸上”“嘴上”，没有落实在实际行动上，“巧妇难为无米之炊”“小马拉大车”的情况非常普遍。但各种风险主要在基层、在群众身边，隐患治理的源头也在基层，只有将应急管理的触角延伸到基层末梢，延伸到每一名群众身边，才能及时发现处置隐患，真正将问题解决在萌芽之时、成灾之前。基层应急的那几个人，面对层出不穷的隐患和无处不在的风险，犹如一把盐撒入大海掀不起任何波澜。特别是在执法的时候，基层执法人员面对大企业，往往是“弱势群体”，看得见却管不了，“大呼隆、一阵风”“选择性执法”等“宽松软”现象屡见不鲜。与此同时，在“三断”条件下，第一时间主要靠自救互救，基层的应急救援能力显得尤为重要。固本培元，“本元”出了问题，就要从根源上着手加以解决，把应急管理的基层基础做牢做足，持续增强城乡安全韧性，基层群众“安全清单”才不会成为“空中楼阁”。应急管理是“火烧眉毛”的事，上下要像蜂窝煤一样对端，才能协同高效应急。要树立一体有机系统观念，建强县级应急管理部门，在乡镇设立应急管理机构、建立应急救援队伍，在风险隐患露头时才能第一时间发现并阻断事故源头，在人民群众最需要的时候才能第一时间出现。要探索基层安全监管执法相对独立、垂直管理，让执法人员敢于执法、严格执法，让风险隐患能更早被发现、更早得到处置。

要想马儿跑得快，就要马儿吃得饱。应急管理部门全年

365 天、每天 24 小时都应急值守，随时可能面对极端情况和生死考验，时常捧着“烫手山芋”，时刻像“热锅上的蚂蚁”，面对未来常常茫然无措。人民群众对安全的需求与日俱增，应急人面临安全责任的压力越来越大，追责问责犹如悬在头顶的一把达摩克利斯之剑，人人如履薄冰、如临深渊、战战兢兢。群众过节、应急人过关。在大家统一休假的时候，应急人面临长达数月的汛期；在万家团圆共度新春佳节时，应急人正迎战防火期；在大家欢度小长假的时候，应急人正深入一线查险除患。工作高负荷、高压力、高风险，作为准军事化管理的部门，应急人要有准军事化管理应有的保障。奖励荣誉制度缺失，休假休养难以落实，心理问题长期得不到纾解，生病住院的越来越多，更有甚者倒在了工作岗位上，导致一些地方应急管理部门成为“新人”不愿来、“老人”想要走的“冷衙门”。人是做好应急管理工作最核心的要素，要让应急人流汗不流泪、辛苦不心苦，抬高应急管理部门的“地基”，让其成为人才向往的“高地”，而不是“背锅”的“洼地”。各级要坚持以人为本，关心关爱应急管理队伍，多选派综合素质强、专业水平高的年轻干部充实到应急管理队伍，提高队伍整体能力水平。要多把年轻党员干部交流到应急管理部门的急难险重任务岗位上挑大梁、当先锋，把应急处置岗位作为年轻干部摔打磨砺的练兵场，让各层级应急管理干部流动起来。各地要进一步完善与准军事化管理相匹配的保障，建立健全荣誉、医疗、休养、休假等制度，落实救援补助、伤亡保险等保障，让应急管理成为令人羡慕、向往的职业。各级应急管理部门要开展形式丰富的党建、群团等活动，大力培育应急文化，激励干事创业的精气神，提高队伍荣誉感、凝聚力、向心力，积极营造以应急人为荣的良好氛围。

应急管理是一项“人命关天”的工作，不能像“打地鼠”一样哪个冒头就打哪个，也不能盲人摸象以偏概全。要树立系统性思维，既“治急病”更“治未病”，把防范化解风险的关口前移，把应急管理工作统筹谋划成一盘棋，从要害处“落子”，真正从根本上、根源上把问题解决好，才能以一指之力拔千钧之重。

（2024 年 1 月 2 日　刘洋、赵莲）

最怕知险不除险，别把摆平当水平

岁末年终，事故频发。细读近期公布的一些灾害事故调查报告，我们不难发现，一直以来，涉事企业在日常生产中安全隐患不断，甚至多次发生生产安全事故。然而，每发生一次事故，企业总是想方设法摆平，这就导致企业管理者思想深处萌生生产安全事故“没什么”的错觉，越来越胆大包天，肆意妄为，最终酿成大祸。放过隐患，必有后患。在隐患和事故面前，必须寸步不让，坚决做到事故原因未查清不放过、责任人员未处理不放过、整改措施未落实不放过、有关人员未受到教育不放过，以最严要求、最硬措施抓好安全防控，真正把最不放心的问题盯住看牢，真正把最不托底的事情扭住抓实。

木之折也必通蠹，墙之坏也必通隙。每起重特大安全事故的发生给人们带来的都是“没想到”的惊叹。其实，所有的惊叹都是无底数的表现，折射出对安全生产的漠视。对事故原因的分析，一些地方、部门和企业偏重于“人为失误”，忽视责任落实。面对“四不放过”原则，有些人自行“打折扣”、走过场、选择性落实，想尽办法钻监管检查的空子，揣着明白装糊涂，既没有积极主动的内生动力，更没有壮士断腕的决心，事故原因难以查清从而继续埋下祸根，事故责任人得不到相应的处理，相关人员难以受到必要的教训，更没办法总结经验制定整改措施；特别是一些地方怕影响不好，不愿曝光，不愿开展警示教育，导致同类事故重复发生。还有一些地方、部门和企业为了逃脱惩罚，在分析事故原因时，千方百计往自然灾害上面靠，避重就轻，幻想大事化小、小事化了，甚至弄虚作假，掩盖实情，有意隐瞒。淡化人祸，不仅不利于总结教训，而且是对法律的亵渎，是对人民的犯罪。

针大的眼，斗大的风。追究每起重特大安全事故的发生，可以说都是由一些地区、企业和干部职工“险在不知险，知险不除险”的侥幸心理造成的。“不识庐山真面目，只缘身在此山中。”有的地区、企业和干部职工长期追求经济效益，麻木了做好安全生产工作的神经，对安全生产工作似乎什么都懂了、什么都做了、什么都管了，什么也都是形式主义。似是而非甚至不懂装懂，致使把一些潜在的重大隐患当成“小病”对待，而且讳疾忌医，最终“病入膏肓”，导致事故发生。有的地方和部门在经济发展过程中有意无意地放松了安全监管，不愿不想不敢较真较劲，唯恐拖了 GDP 的后腿；有的检查习惯性“下不为例”，查出隐患不除，客观上对违章进行了默认，纵容了习惯性违章；有的只整改表面问题，对企业体制机制深层次问题视若不见，走马观花式地应付公事屡禁不止，无异于杀人的帮凶。我们要深刻反思差距和不足，按照“过筛子”的方式，摸清“‘九小场所’、燃气安全、危化矿山等高危行业、违规转包”等重点行业领域安全隐患底数，一个地区一个地区抓、一个问题一个问题治，坚决落实“不安全不生产”的红线底线。

猛药才能去疴，重典才能治乱。没有问责就没有真安全。安全生产工作中，有些企业不仅“带病”上路，企业管理者对事故也毫无敬畏，对生命极度冷漠，以“摆平就是水平，搞定就是稳定，无事就是本事，妥协就是和谐”为处世哲学，对工作不负责任，作风漂浮，得过且过，敷衍了事，甚至违法乱纪的人并不鲜见。更有甚者，拿安全当儿戏，“从容地欺骗，娴熟地瞒报”。有了思想意识的“无所谓”，有了追逐利益的“无底线”，有了监管执法的“无原则”，必然导致小事变大、大事变炸，最终不可收拾。因此，要保持高压态势，加强事前问责，严肃事故问责，抓住关键点、惩处关键人，做到追责问责不打折扣、不留情面，形成强大问责震慑不能有丝毫松懈。对企业要强化一案多罚、联合惩戒，让企业负责人明白，一旦发生事故，不仅企业会面临倒闭的危险，相关责任人还会被追究刑事责任。

人不能被同一块石头绊倒两次。逝者用生命写成的教训，不能再用生者的鲜血去验证。然而现实中，一些人认识不到警示教育的重要性，“后人哀之而不鉴之”，以看戏心态对待，把自己当“看客”、视案例为“谈资”，结果使“后人而复哀后人”的悲剧重复上演。为何一段时间以来全国火灾事故屡屡发生，还是因为没能有效发挥每一起事故警示教育作用。事故案例警示教育如果仅停留在政府部门“吓唬人”、老百姓“看热闹”的层面，那么当事故真正来临的时候，只会措手不及。发挥事故案例警示教育的作用，亟须转变企业和员工对事故案例警示教育的认识。要让企业和员工面对事故保持敬畏心，事故案例警示教育要能够触动灵魂。因此，警示教育必须深入分析原因，认真反思事故背后存在的深层次问题，彻底揪出痛点，反映难点，杜绝警示教育中的“看客”心态，使企业真正从别人的事故中警醒过来，对长期忽视的问题隐患予以高度重视。

慎终如始，则无败事。春节将至，安全生产工作显得尤为重要。各地党委政府要切实肩负起促一方发展、保一方平安的政治责任，把隐患当作事故处理，不仅做到原因调查水落石出、责任追究有切肤之痛，吸取教训能刻骨铭心，整改措施举一反三，更重要的是要深刻吸取教训，做好安全生产的日常监管和预防工作，真正把“时时放心不下”的责任感转化为“事事心中有底”的行动力，确保人民群众过一个平安祥和的新春佳节。

（2024 年 2 月 7 日　胡嘉岩）

保持高度警惕
迅速进入临战戒备状态

“保持高度警惕，迅速进入临战戒备状态”，全省森林草原防灭火暨安全防范工作电视电话会议发出了今春以来森林草原防灭火工作的最强音。当前，气温不断攀升，大风天气增多，特别是攀西地区受去年以来的暖冬影响，气温显著上升，森林火险等级居高不下，一点星星火就能吞噬掉整片森林。严峻复杂的森林草原防火形势之下，这声音振聋发聩，使人深省，催人警醒，必须坚决克服麻痹思想，杜绝侥幸心理，毫不松懈抓实森林草原防灭火工作。

微不足道的小事，往往是防火中的大事。有关数据显示，超过95%以上的森林火灾都是人为因素引发的。近期发生的多起火灾说明，无论是群众还是监管者都存在侥幸心理。比如，森林草原防火宣传标语随处可见，扫墓祭祀时还是按照习惯焚香烧纸点鞭炮；在大风天气不听劝阻擅自焚烧秸秆和杂草，随意倾倒未完全熄灭的残渣；在林中吸烟、随手丢烟头是明令禁止的行为，却认为是“小问题不打紧”……一些群众认为，这些并非森林草原防火中的“大事”，即使不小心引起杂草燃烧，当下就能很快扑灭。对这些现象和行为，不少基层人员反映“提醒了也没用，现行难抓难举证”。在这样的情况下，一些防火人员囿于风俗人情等原因，对群众的一些“习惯性”行为，只要没有引发火灾就“睁一只眼闭一只眼”；对景区小卖部偷偷出售香烟和打火机的现象，即使心里明镜似的，却奉行“没看见就当没查出”。要从源头管控好火源，需要充分宣传发动群众，让人人清楚野外用火行为的危害，个个明白野外用火的后果，每个人都成为参与者、执行者、监督者。各地要压实防火责任，加大巡查巡护密度和频率，“见烟就查、见火就罚、违法就抓”，从严处罚，让更多人认识到违法违规用火要付出的代价，真正将问题解决在萌芽之时、成灾之前。

思想松一寸，行动散一尺。每年进入防火期后，很多政府机关、企事业单位人员，即使日常工作内容与防火管理毫不沾边，都被派驻到一线“蹲点防火”，在偏远的山村一待就是小半年。省市县各级派出的督导检查组，不是在督导检查就是在去一线的路上，有时甚至没时间回家拿一下换季衣服。上面已经雷霆行动，基层更是不敢有丝毫懈怠，进村入户宣传、检查防火设施、巡查防火卡点……不少地方防火人员坦言“能管的不能管的，都管起来了”。在全省上下的严防死守之下，我省森林草原火灾起数大幅下降，森林草原防火形势得到根本性好转。在此情形下，有人认为既然形势已经好转，就没必要一直紧绷着，影响正常工作和生活；有人认为防火主要在高风险地区，特别是三州和攀枝花地区，和自己关系不大；有人长期奋战在一线，因疲惫产生懈怠心态，觉得应适当“放松”；等等。要知道，从万无一失到一失万无，只需要片刻的麻痹大意。近期各地出现的零星火情，个别地方连续发生火灾，反映出这些心态虽然只是说在嘴上、想在心里，可能已经表现在了行动上。平流无石处更需警惕沉沦的风险，越是取得成效的时候，越要居安思危、不可掉以轻心，须谨记“针尖大的窟窿能漏过斗大的风”，宁可严一点、不可松半分。

备豫不虞，为国常道。森林火灾扑救是公认的世界级难题，其危险性在连续几年的森林大火中已然让每个人都深有体会。只有从防控上下足功夫，才能减少伤亡悲剧和惨重损失。对于森林草原防火，我们已经形成了一系列行之有效的方法和机制。但在具体的工作中，一些地方没有将其固化为制度规范坚持下去。有的地方因领导干部换届、岗位调整，对森林草原防火工作出现不重视、不熟悉的情况，对实践中形成的高招实招摒弃不用，想当然地以为森林火灾风险低，就在具体举措上“做减法”；有的地方嫌现有的机制太复杂、太麻烦，在具体操作中一味地盲目瞎干、冒险蛮干，试图以“想象中”的高效率解决问题；有的地方森林火险等级虽较高，但在执行决策部署时不坚决、打折扣，对一些工作一拖再拖，甚至瞒报谎报开展情况企图蒙混过关；有的地方认为森林草原防火宣传工作开展了多年，能发挥的作用有限，在重要路段、关键路口、山区林边悬挂张贴宣传标语的做法已过时，但微信、抖音等新媒体宣传又不能有效抵达。殊不知，这些做法使得森林草原防火工作中的问题查不出、短板补不齐、漏洞堵不住，森林草原火灾就不可避免地在眼皮子底下发生。警钟一次次敲响，神经也该紧绷起来，慎终如始地抓好森林草原防灭火工作。各地要发挥应急管理部门综合优势以及相关部门和有关方面专业优势，衔接好“防”和“救”的责任链条，完善工作机制，推动形成隐患排查、风险识别、监测预警、及时处置闭环管理，做到预防在先、发现在早、处置在小。

吃过亏的地方不能再吃亏。我们在森林防火上吃过亏，两个“3·30”的悲痛记忆仍在，血的教训必须牢牢记取。当前，森林草原防灭火形势仍然严峻复杂、任务依然繁重艰巨，还未到“刀枪入库、马放南山”的时候，任何放松防备、心存侥幸的行为，都可能让前面所做的努力功亏一篑。我们不能好了伤疤忘了疼，必须让全社会共同参与，让森林草原防火成为一种常态，才能构筑起防火灭火的“铜墙铁壁”，守护好绿水青山。

（2024 年 3 月 11 日　赵莲）

预防在先、发现在早、处置在小

今年 5 月 12 日是第 16 个“全国防灾减灾日”，主题是“人人讲安全、个个会应急——着力提升基层防灾避险能力”。基层是防范化解各类安全风险的前哨，也是国家应急管理能力建设的根基。全面调动基层力量防范化解各类安全风险，对应急管理工作意义十分重大。要推动应急管理工作力量下沉、保障下倾、关口前移，有效防范化解重大安全风险，及时有力有效处置各类灾害事故，筑牢安全底板，守牢安全底线。

基础不牢，地动山摇。基层是应对处置各类突发事件的第一线，也是防范化解各类安全风险的最前沿，直接关系到人民群众生命财产安全。应急管理在基层治理中非常重要，但基层应急管理能力与面临的形势任务要求相去甚远。开会、下任务、搞督查“三板斧”，是各级部门推行工作的主要路径，所有工作任务最终落到基层。但“头重脚轻”的现状让基层应急工作寸步难行。俗话说，火车跑得快，全靠车头带。一些地方没有“功成不必在我”的意识，缺乏“摸着石头过河”的担当，只做立竿见影、表面风光的“显绩”，不愿做为基层打基础、利长远的“潜绩”。各级总是“见子打子”，哪里出了问题就举全力攻坚，事后复盘只停留在表面，没有认真研究关乎基层应急管理能力提升根本的机制体制建设。这使得“最初一公里”与“最后一公里”差之千里，让基层陷入“无米之炊”“无力可借”的境地。那些“东一榔头西一棒子”的行动，都是治标不治本，反而贻误了基层提升应急管理能力的最佳时机。要切实抓住“根子”解难题，理顺管理体制，加强对基层应急管理工作的领导，发挥应急管理部门综合优势以及相关部门和有关方面专业优势，衔接好“防”和“救”的责任链条，健全大安全大应急框架。

图之于未萌，虑之于未有。基层是各类风险的聚集地，也是事故灾害的直接承受者。但基层隐患发现处置由于没有形成闭环，常常使微小风险变隐患、微小隐患变事故，造成难以估计的伤亡和损失。不少基层辖区面积大、基础设施落后、安全风险突出，而自身力量又非常有限，“小马拉大车”的情况非常普遍，很难将应急管理触角延伸到群众身边。比如汶川、金阳、布拖、得荣等县地域广阔，地质灾害风险突出，县级应急管理部门却只有二三十名工作人员，仅是做好安全生产工作就已相当不易，更别说防汛、防震、防地灾等大量防灾减灾工作。其实，基层各类人力资源优势非常显著，有山洪地灾监测员、护林员、巡河员、交通安全劝导员、食品安全监管员、保洁员、警务辅助员等。这些“员”有的由村民担任，有的由村“两委”人员兼任，有的每个月仅有三四百元的补贴，有的属于“有责无薪”。这在很大程度上影响了他们对工作的全身心投入，特别是村民，在做好安全工作之外，往往需要到处打零工赚钱满足生活所需。要让马儿跑得快，就要给马儿吃饱草。可以把分散在基层的“多员”整合成“一员”，专职负责安全相关工作，将相关补贴统一发放给整合后的“一员”。收入水平大幅提升，工作荣誉感、归属感更强，这些应急管理“触角”就能真正延伸到“最后一米”，形成隐患排查、风险识别、监测预警、及时处置闭环管理，做到预防在先、发现在早、处置在小。

人是一切事物中最可宝贵的。一谈到提升基层应急管理能力，就有人认为是给基层提供科技支撑，配备信息基础设施，提高技术装备水平。近年，在突发事件发生后，基层信息不畅通、装备用不了的情况并未得到真正有效改善。基层应急人像个陀螺忙不停，尽管全身心投入却未能见到工作成效，很大程度上是因为应急安全素质欠缺。应急管理工作很重要、不好干是普遍共识，大家默认应急人必须“焊死”在岗位上，只能进不能出，颇有一种“一日是应急人，终身都要干应急”的无奈，应急管理系统成为一个相对封闭不利于发展的“圈子”。做好应急管理工作的关键在人，提升基层人员的专业素质和能力是首要任务，而这并不会随着工作年限增长而自然提升。要强化对基层人员的教育培训，把应急管理能力培训纳入各级各部门培训的必修内容，建立常态化学习培训机制；要让应急管理部门成为“铁打的营盘流水的兵”，让各级各部门人员到应急管理部门的急难险重岗位上淬炼过硬本领，成长为“愿挑最重的担子、能啃最硬的骨头、善接烫手的山芋”的专业人才，为应急管理工作注入新鲜血液；要让应急人成为不腐的流水，到不同行业的岗位上交流锻炼，开阔眼界，提升自我，同时把应急管理理念、好的经验做法引入其他行业领域，真正推动全社会关心关注应急管理工作的局面，把应急管理事业做得更好。

千里之行，始于脚下。安全意识是预防事故灾害的第一道防线。有些地方认为安全宣传效果难以得到及时检验，短期内又很难见到成效，便认为是无用之功；明明意识到群众抱有侥幸心理，且对于枯燥的灌输式宣传早已失去兴趣，却不想着在宣传方法和形式上有所创新，反而轻描淡写、敷衍潦草地糊弄而过。安全宣传如滴水穿石，非力使然，恒也。2008 年汶川大地震中，桑枣中学的 2200 名师生在 2 分钟内全体撤离校舍，无一人伤亡；2023 年 6 月 26 日，甘孜州泸定县得妥镇发旺村雨洒坪发生泥石流灾害，106 位村民提前疏散转移成功避险……这些“奇迹”的背后，是常年坚持不懈开展安全宣传、应急演练的执着。安全宣传是一件润物无声、功在久远的事情，不能以功小而不为。要提升社会公众风险防范意识和自救互救能力，依托各类科普宣教基地，利用群众身边典型案例，多维度开展主题展览、咨询服务、应急演练、互动体验等系列活动，推动安全宣传进企业、进农村、进社区、进学校、进家庭，把安全理念根植于内心，让“人人讲安全，个个会应急”成为现实，才能最大限度降低事故灾害的伤害。

为者常成，行者常至。防范安全风险、同自然灾害抗争是人类生存发展的永恒课题。见兔顾犬、亡羊补牢，非防患未然之举，积谷防饥、曲突徙薪方为应急管理之义。许多风险的萌芽在基层，解决问题的最佳时机和地点也在基层，只有紧紧依靠基层，充分发挥群众力量，提升基层应急管理能力，才能从源头上防范化解各类安全风险，确保人民群众生命财产安全。

（2024 年 5 月 15 日　赵莲）

“生命之路”一定要守住！

安全没有万一，生命却是唯一。据统计，2012 年至 2021 年，全国共发生居住场所火灾 132.4 万起，造成 11634 人遇难，6738 人受伤，直接财产损失 77.7 亿元。事故调查报告不约而同地指出一个事实，各地造成重大人员伤亡的火灾事故 80％以上都存在消防通道堵塞的情况。上万个鲜活生命意外逝去，无数个家庭悲痛欲绝。不为火灾找借口，只为生命留退路。如果人人重安全就不会把生命当儿戏，如果人人懂安全则可以防火患于未然。保证生命通道时时畅通，就是给安全让行；治理违规占用生命通道，就是给生命护航。

拦路挡道成普遍。在现实生活中，不少人心里生命通道的警钟不但没有敲响，甚至已经生锈蒙尘。从吉林宝源特大火灾爆炸事故到江西新余火灾事故，从河南省柘城县重大火灾事故到北京长峰医院火灾事故，从江西消防员怒拆门禁杆开展救援到四川巴中众人合力推走堵塞消防车道的私家车……生命通道被堵塞、占用甚至封锁的现象屡见不鲜，已然成为人们眼皮底下最明显又最容易忽视的火灾隐患。随处可见的铁栅栏，违规划出的停车位，擅自加装的电子道闸门禁系统、路桩，以及在小区道路上架设限高杆、广告牌，甚至为个人利益私改或封锁消防通道等，种种现象导致消防通道变窄、堵塞，转弯半径变小，探头、栏杆等成为消防车的“拦路虎”。大火吞噬生命，让人扼腕叹息；大火虽最终熄灭，但应“点燃”全社会的反思。有多少生命的逝去本可避免？究竟要付出多少血的代价才能畅通生命通道？预见是防控的第一步，行动是防控的第二步。没有安全意识，就没有预见；没有安全预见，就没有防控。水火无情，众生平等。真要到了火灾发生的那一天，拦路挡道却是“防”住了生的希望，“控”住了救火的英雄。那时后悔还来得及吗？

侥幸心理藏隐患。细节藏魔鬼，疏忽酿悲剧。“不要占用、堵塞生命通道”这句警示语随处可见、耳熟能详。但要畅通每一条生命通道并非易事，大部分人都只会图眼前便利。从广东湛江一家 5 口因私家车临时停放导致延误救援而不幸身亡，到湘西吉首楼道堆放杂物起火，一家 5 口被困，皆因消防通道不畅而起。生活中杂物满地的楼梯过道、随处可见的电动车、消防通道上任意停放的私家车等都是阻塞消防通道的“元凶”。他们觉得不就是占用了一小块地方嘛，哪有那么多隐患？这是丢了一丝警觉性，多了一分侥幸心。一旦找不到停车位，面对貌似远在天边的安全问题和近在眼前的个人便利，总有一些人会选择后者。有的人总觉得偶尔停一下不会有事；有的人觉得法不责众，把消防通道当成停车的“理想之选”，先到先得甚至还要争抢。对于这些人，如果你上前劝阻，他们可能还觉得你“多管闲事”，叫嚷着“别人能停我为什么不能停”。由于占用、堵塞消防通道行为往往发生在小区之内，基层管理单位受限于人力、精力、工作压力等因素，难以做到每天进入小区巡查，而小区物业又不具有执法权，最多只是对业主劝说，甚至一些物业工作人员、保安睁一只眼闭一只眼，这就大大降低了人们占用、堵塞消防车通道的违法成本。这样的侥幸心理埋藏着巨大的隐患，付出的是生命的代价。

惩治不能“宽松软”。《中华人民共和国消防法》第二十八条明确规定，“任何单位、个人不得占用、堵塞、封闭疏散通道、安全出口、消防车通道”。单位违反本规定的，依法责令改正，处五千元以上五万元以下罚款。出重拳让“生命通道”不再“添堵”既是担为民之责，也是兴利民之举。各地各单位要强化没有安全就没有高质量发展，不抓安全就是违反政治纪律的认识。要切实履职尽责，树牢“隐患就是事故”理念，对细小隐患也要如临大敌。对生命通道进行集中排查，破除防盗窗、铁栅栏，清理消防车通道上各类障碍物；引导车辆规范停放，对发现占用、堵塞、封闭消防车通道和楼梯过道的行为及时制止和劝阻，对违法、违规停放乱象及时有效给予处罚；打好“组合拳”，用好“绣花针”，既让居民停车“不犯难”，也让违法、违规停车“不敢犯”。只有这样，才会人人形成让开“生命通道”的行动自觉，实现“生命通道”路路畅通。

让出一条道，温暖一座城。6 月 16 日，全国“安全宣传咨询日”主场活动在成都举行，主题是“人人讲安全、个个会应急——畅通生命通道”。让我们每个人都严格遵守规定，认真履行责任，多些换位思考，消除侥幸心理，切勿因贪图一时的方便，而放弃一生的保障。畅通逃生之路，守护生命安全，从你我做起。

（2024 年 6 月 12 日　何维薇）

应急预案是拿来用的，不是拿来看的

2021 年，凉山州木里县沟道上游无人区出现强降雨，应急民兵分队按预案组织群众紧急转移撤离，最终将 251 户 1042 人全部安全转移至避险点；2022 年，一则题为《四川宜宾市发生 5.1 级地震，师生教科书式避险》的新闻上了热搜榜……提前预警、有序撤离，折射出的是相对完备的预案的有效落实。“预案是拿来用的，不是拿来看的”，这句话在这些成功避险案例中得到了很好的诠释。

但在实践中，有的地方“狼来了”故事听多之后，对潜存的风险隐患根本不当回事，针对应急预案提到可能发生的问题视若无睹，没有安排专业人员或者随便安排人员糊弄应付；一些地方由于预案准备“走过场”，群众在遇到山洪、泥石流时，不知道往哪个方向跑，有的甚至顺流向下跑，生命就这样白白被吞噬；一些单位、部门和企业，花了许多心血编制而成的应急预案，长期被束之高阁，从未拿到现场进行实战演练，其科学性、实用性和操作性如何，无人知晓；一些地方的专家组到有关企业进行检查时，演练方案中负责切断电源的那个职工根本不熟悉安全用电的基本知识，不知道电闸的操作顺序……这些本用来应对事故灾害的应急预案却成了“纸上谈兵”，没有真正发挥作用，一旦遭遇突发事件，霎时间惊慌失措，贻误处置时机。

宁可备而无用，决不可用而无备。预案不是“银样蜡枪头”，而是“好钢真铁枪”；不是摆设，而是真招。要按照突发事件应急预案认真准备，组建精干的抢险救援队伍，落实必要的应急物资，针对存在的灾害风险和工作的薄弱环节，采用灵活多样的形式常演练、常模拟、常态化，通过实战发现风险隐患。应急预案一经发布就要及时组织有关人员对应急预案的内容、要求和措施进行培训演练，让有关人员明晰自身职责、分工和任务，一旦出现灾害事故苗头，确保能及时有效地应对处理，将灾害事故消灭在萌芽状态。要以《中华人民共和国突发事件应对法》修订为契机，全面推进严格执法，统筹事前、事中、事后各个环节，扎实做好预防与应急准备、监测与预警、应急处置与救援、事后恢复与重建等工作，全面履行法定职责，保障制度刚性执行，推动法律的制度优势转化为治理效能。

“防为上、救次之、戒为下”，无数的突发事例告诉我们，在防灾减灾和安全工作中只有想在先、做在前，“预想”“预演”“预防”，将应急预案真正落到实处，预案才不只是真“应急”，而是真能“救急”。

（2024 年 8 月 2 日　胡嘉岩）

后　记

从 2019 年到目前，四川应急共刊发 100 余篇“蜀安之声”评论。编写组从不同层面共选取 70 余篇短评编辑出版。全书文稿由刘洋统筹策划，谭晶、李文超、胡嘉岩、林楠、赵莲、邓韵、何维薇分别根据不同时间节点撰写编辑。在挑选这些文章的过程中，过往的一幕幕画面浮现在编写组每个人的脑海中。书里的每一篇文章、每一段文字都饱含着对生命的尊重与敬畏。当时写作的缘由、发生的故事、思维的碰撞，让我们再一次感受到肩上沉甸甸的责任，我们深感有必要将其整理成册，与更多的读者“见面”交流。希望读者通过阅读这些文章，能够加深对应急管理工作的理解，从中获得启发和力量，在生活和工作中更加关心关注身边安全，共同为构建更加安全和谐的社会环境而努力。

本书的出版，得到应急管理厅各位领导和业务处室有力指导和大力支持，离不开四川大学出版社责任编辑辛勤付出。特此表示衷心感谢。

《蜀安之声》编写组